विज्ञान, मनोविज्ञान और ध्यानपरायण परंपराओं का एक सहयोग

क्रोध से प्रेम की ओर

कमलेश पटेल, मैथ्यू रिकार्ड, जेम्स डोटी, पीर ज़िया इनायत-खान,
लेवेलन वॉन-ली, सिला एलवर्दी, सतीश कुमार, रूबी कार्मेन, वास्को गैस्पर,
मैरिलिन कॉर्नेलियस, विक्टर कन्नन और एलिज़ाबेथ डेनली

Published by Westland Books, a division of Nasadiya Technologies Private Limited, in 2024

No. 269/2B, First Floor, 'Irai Arul', Vimalraj Street, Nethaji Nagar, Alapakkam Main Road, Maduravoyal, Chennai 600095

Westland and the Westland logo are the trademarks of Nasadiya Technologies Private Limited, or its affiliates.

ISBN: 9789360458089

10 9 8 7 6 5 4

Printed at Nutech Print Services Pvt. Ltd

विषय सूची

प्रस्तावना

फर्डीनांड वुलीमियर

जो परिस्थितियाँ मुझे इस प्रस्तावना को लिखने की ओर ले गईं वे इस किताब की विषय-वस्तु 'क्रोध और प्रेम' से काफ़ी निकटता से जुड़ी हुई हैं। कई हफ़्तों से मैं और मेरी पत्नी अनेक समस्याओं से जूझ रहे थे जो हमारी किरायेदार महिला द्वारा आत्महत्या करने की वजह से पैदा हुई थीं। उसने कर्ज़ के बोझ के कारण यह कदम उठाया था और उस घटना के प्रभाव से निपटने के किसी भी उपाय पर हममें सहमति नहीं बन पा रही थी।

एक बार बातचीत के दौरान मैंने पाया कि हमारी आवाज़ की तीव्रता और लहज़े में बदलाव आने लगा था। जब मैंने अपने भीतर क्रोध के बढ़ते स्तर को महसूस किया तो मैं अपनी पत्नी से यह कहते हुए कि मुझे ग़लत समझा जा रहा है, कमरे से बाहर निकल गया ताकि हमारे आपसी सम्बन्ध में कहीं कटुता न आ जाए, जो हमेशा अत्यंत स्नेही और शिष्टतापूर्वक रहता है। मैं उठकर अपने अध्ययन कक्ष में आया और अपना कंप्यूटर खोला तो पाया कि उसमें पहला ईमेल इस किताब के संपादक का था और उन्होंने उसे ठीक उसी समय भेजा था जब हमारे बीच यह गर्मागर्मी हुई थी। उन्होंने मुझसे इस किताब की प्रस्तावना लिखने का अनुरोध किया था जिसे इस समय आप पढ़ रहे हैं!

इन दोनों चीज़ों के एक साथ होने का प्रभाव मुझ पर ऐसा हुआ जैसे कोई तीर सही निशाने पर लगा हो। मुझे अपने अंदर से जैसे यह आदेश मिला कि मुझे अपने हृदय की गहराई में छिपे क्रोध के नकारात्मक प्रभाव से परे निकलना चाहिए। मैंने इस घटना को अपने आध्यात्मिक गुरु के आदेश की तरह लिया मानो वे मुझसे कह रहे हों, "तुम्हारी वर्तमान समस्या को समझते हुए यह कार्य तुम्हें एक अतिरिक्त अवसर की तरह दिया गया है ताकि तुम अपने भीतर के क्रोध को स्वस्थ और सकारात्मक स्वरूप में बदल सको। इस किताब की प्रस्तावना लिखने की मंज़ूरी का मतलब है कि तुम इस किताब के सभी अध्याय ध्यानपूर्वक पढ़ोगे और साथ में आत्मावलोकन भी करोगे। यह काम तुम्हें व्यस्त तो रखेगा ही साथ ही अपने वर्तमान दुःख से उबरने में भी मदद करेगा।"

मैं इस तरह के संयोगों और परा मनोवैज्ञानिक अनुभवों के प्रति संवेदनशील हूँ इसलिए मेरे पास इस प्रस्ताव को बिना किसी आनाकानी के स्वीकार कर लेने के सिवाय कोई चारा नहीं था।

इसने मुझे तत्काल इस किताब के शीर्षक के अनुरूप अपने क्रोध को स्वस्थ और सकारात्मक ऊर्जा में यानी 'क्रोध से प्रेम' में बदलने का अवसर दिया। साथ ही मैंने अपने हृदय की गहनता में यह अनुभव किया कि मेरे गुरु ही मेरी सहायता कर रहे हैं और मैं उनकी सुरक्षा व देखभाल के तहत हूँ। इस भाव ने मेरे आत्मविश्वास को बल दिया और मुझे व मेरी पत्नी को उस तनाव से मुक्त कर दिया जिसे हम महसूस कर रहे थे।

इस किताब को पढ़ना एक अमूल्य उपहार है जो न सिर्फ़ मेरे लिए बल्कि हममें से हर उस व्यक्ति के लिए है जो क्रोध के नकारात्मक प्रभाव और अन्य भावनात्मक प्रतिक्रियाओं पर विजय प्राप्त करना चाहता है, जिसका हम सभी अपने जीवन में अनुभव करते हैं। इस किताब में विभिन्न लेखकों ने बड़ी ईमानदारी और प्रामाणिकता से अपने व्यक्तिगत अनुभव हमारे साथ बाँटे हैं जो उनकी उस वक़्त की चेतना और विकास के स्तर के अनुरूप थे। इसके अलावा उन्होंने अपने साहसिक और सतत प्रयास, उन्हें उपलब्ध सहायता और उसके कारण उनके भीतर आए सकारात्मक परिवर्तनों के बारे में भी लिखा है। मुझे विश्वास है कि मेरी तरह आप सब भी इसमें लिखी कम से कम एक व्यक्तिगत कहानी और दिए गए एक या अधिक समाधानों के साथ स्वयं को जोड़कर देख पाएँगे और उनका लाभ उठाएँगे।

इस जीवन में कष्टों और पीड़ाओं की अनपेक्षित परिस्थितियों का जोख़िम तो आता ही है। इन्हें ही हम संस्कारों का भोग कहते हैं जो सम्मिलित रूप से हमारे 'कर्मों' का निर्माण करते हैं। कभी-कभी ये कठिनाइयाँ इतनी प्रबल होती हैं कि हम विकास के वर्तमान स्पंदनात्मक स्तर से पीछे हट कर पिछले स्तर पर पहुँच जाते हैं। ऐसी स्थिति से उबरने के लिए भी लेखक हमें सांत्वना, उत्साह और संबल देते हैं।

वर्ष 2010 में, मेरे आध्यात्मिक गुरु ने मुझसे पूछा, "आप एक मनोवैज्ञानिक हैं। क्या आप मुझे बता सकते हैं कि बढ़ती उम्र के साथ हमारा ज़्यादा चिड़चिड़ा होते जाना सामान्य बात है?" मैंने उनसे कहा, "हाँ! यह लगभग

स्वीकार्य तथ्य है और वर्तमान में इसका जो कारण बताया जाता है वह यह है कि जैसे-जैसे हमारे मस्तिष्क की उम्र बढ़ती जाती है उसकी जैव ऊर्जा संचित करने की क्षमता में कमी आती जाती है। आपसे पन्द्रह वर्ष छोटा होते हुए भी मैं अभी से इसका अनुभव करने लगा हूँ और शायद इसका कारण यह हो कि मैं अपनी युवावस्था से ही गुस्सैल था जो किसी हद तक मेरे पिता से आया आनुवांशिक गुण हो सकता है। मैं कई वर्षों से अपने गुस्से का कारण यही बताता रहा हूँ।" इस संदर्भ में क्रोध के सकारात्मक पक्ष का उपयोग कैसे करें यह बात भी इस किताब का एक और उपयोगी पक्ष है।

मैं अपनी बात एक सुझाव के साथ समाप्त करना चाहूँगा कि इस किताब को अच्छी तरह से पढ़ें और इसका यथासम्भव प्रसार-प्रचार भी करें क्योंकि यह किताब आपके परिवार और मित्रों के लिए बहुत उपयोगी सिद्ध होगी। इसमें क्रोध और अन्य भावनाओं के विविध जैविक-मनोवैज्ञानिक-सामाजिक-आध्यात्मिक पहलुओं का विशाल वर्णक्रम समाहित है। साथ ही इस किताब में उनसे निपटने के उपाय भी हैं ताकि हम क्रमबद्ध रूप से सार्वभौमिक प्रेम की उस दशा की ओर अग्रसर हो सकें जो हमारे अस्तित्व और जीवन पद्धति का आदर्श है।

फर्डिनांड वुलीमियर
12 दिसंबर, 2022
लुसान, स्विटज़रलैंड

डॉक्टर फर्डीनांड वुलीमियर आंशिक रूप से सेवानिवृत्त मनोवैज्ञानिक हैं जो लुसान में 'सेंटर होस्पिटिलियर यूनिवर्सिटियर' में 'लायसन सायकिएट्री सर्विस' के प्रमुख थे और वे वहाँ मनोविज्ञान और औषधविज्ञान दोनों के विद्यार्थियों को पढ़ाते थे। उनके कई विज्ञान सम्बन्धी लेख प्रकाशित हो चुके हैं जो पहले मनोचिकित्सा विज्ञान के क्षेत्र से सम्बन्धित थे और फिर जब वर्ष 1985 में वे ज़ाज़ेन पद्धति से ध्यान करने लगे तो इसमें आध्यात्मिकता का आयाम भी जुड़ गया। सन् 1987 से वे हार्टफुलनेस पद्धति से ध्यान कर रहे हैं और एक प्रशिक्षक और शोधकर्ता के रूप में अपनी ऐच्छिक सेवाएँ भी दे रहे हैं। उन्होंने लगभग 20 किताबें (जिनमें से अधिकतर फ्रेंच भाषा में हैं) भी लिखी हैं। इनमें हाल ही में लिखी गई किताबें, *ला स्पिरिचुअलीट, मोआ ए लैजोथर* आदि शामिल हैं।

क्रोध को समझना

कमलेश पटेल

कमलेश पटेल के बारे में

कमलेश पटेल, जिन्हें 'दाजी' के नाम से भी जाना जाता है, हार्टफुलनेस अभियान के चौथे और वर्तमान आध्यात्मिक मार्गदर्शक हैं। उन्होंने पिछले चार दशक विश्व भर के लोगों को हार्टफुलनेस ध्यान पद्धति में प्रशिक्षण देते हुए बिताए हैं और वे तीन लोकप्रिय किताबों के लेखक हैं – *द हार्टफुलनेस वे* (जोशुआ पोलॉक के साथ), *डिज़ाइनिंग डेस्टिनी* और *द विज़्डम ब्रिज*। उन्होंने 'हार्टफुलनेस' पत्रिका में इवॉल्यूशन ऑफ़ कांशसनेस (चेतना का क्रमिक विकास), अष्टांग योग, योगिक सायकॉलजी (यौगिक मनोविज्ञान) एवं 'हाउ टू रिमूव एंड क्रीएट हैबिट्स' (आदतें छोड़ने और विकसित करने की कला) आदि विषयों पर आलेख लिखे हैं।

उनकी रचनाएँ टाइम्स ऑफ़ इंडिया, इकोनॉमिक टाइम्स, हिंदुस्तान टाइम्स, हफ़पोस्ट, थ्राइव, प्रमुख मीडिया नेटवर्कों और कई शैक्षिक पत्रिकाओं में प्रकाशित हुई हैं। फ़ार्मेसी और योग दोनों की ही पृष्ठभूमि होने के कारण वे विभिन्न सम्मेलनों में प्रमुख अतिथि के तौर पर इनसे जुड़े विषयों पर भाषण देते हैं और विश्व भर में कार्यशालाएँ संचालित करते हैं। ज़मीनी परिवर्तन के लिए किए जा रहे प्रयासों, ख़ासकर इस ध्यान पद्धति को स्थानीय समुदायों और सभी धर्म के छात्रों के पास पहुँचाने के प्रयासों के प्रति उनमें एक जुनून है। दाजी को कान्हा शांतिवनम्, भारत में अपने परिवार के साथ रहना अच्छा लगता है जहाँ वे अपने पोते-पोतियों के साथ भरपूर समय बिताते हैं।

दाजी एक दूरदर्शी और परिवर्तनकर्ता हैं। वे योग की प्राचीन परंपराओं और आधुनिक विज्ञान में से सर्वश्रेष्ठ का समन्वय करके ध्यान की अद्‌भुत तकनीकों को पेश करते हैं जो हार्टफुलनेस के नाम से जानी जाती हैं।

दाजी की शिक्षाएँ उनके व्यक्तिगत अनुभव और साथ ही योग विज्ञान, विश्व की आध्यात्मिक परंपराओं व विज्ञान के विकास आदि पर वर्षों के अध्ययन से आती हैं। विश्व भर में हार्टफुलनेस अभ्यासों का प्रसार करते हुए दाजी सामाजिक रूपांतरण और बड़े पैमाने पर सुधार कार्य को व्यक्तिगत रूपांतरण द्वारा बढ़ावा दे रहे हैं। हार्टफुलनेस लोगों के व्यक्तिगत जीवन को एक नया रूप दे रहा है जिससे उनमें आत्मविश्वास, विवेक, करुणा और शांति आ रही है।

हममें से अधिकांश लोग क्रोध से जूझते रहते हैं। क्रोध में कभी-कभार हम दूसरों को ठेस पहुँचाते हैं जिससे बाहरी तौर पर तनाव और मतभेद पैदा हो जाते हैं तो कभी-कभी हम ख़ुद को ही दुःखी कर लेते हैं जिसके परिणामस्वरूप आंतरिक तनाव व संघर्ष शुरू हो जाता है। आमतौर पर दोनों ही स्थितियों में हमें इसका अफ़सोस होता है। ऐसा इसलिए होता है क्योंकि न तो हमने क्रोध की वास्तविक प्रकृति और उद्देश्य को समझा है और न ही हमने इस विस्फोटक भावना का उपयोग करना सीखा है। एक बार जब हम समझ लेते हैं कि क्रोध कब और किस कारण से आता है तब यही क्रोध एक अच्छा मित्र भी बन जाता है।

क्रोध क्या है?

अपने विशुद्ध स्वरूप में, क्रोध हमारे तंत्र में ऊर्जा का एक आवेश है। यह हमारे ऊर्जा क्षेत्र से शुरू होकर स्थूल शरीर में फैल जाता है। योग विज्ञान के अनुसार प्रकृति द्वारा हमारे क्रम-विकास के लिए जो दो प्रमुख भावनाएँ दी गई हैं उनमें से क्रोध एक है। वे दो भावनाएँ हैं – 'काम' और 'क्रोध', जिन्हें कभी हटाया नहीं जा सकता।

क्रोध कैसे उपयोगी हो सकता है? इसके कई तरह के उद्देश्य हैं, लेकिन इसके दो अत्यंत महत्वपूर्ण कार्य हैं – प्राकृतिक जैव दृष्टिकोण से देखा जाए तो क्रोध अस्तित्व की रक्षा के लिए होता है – यह हमें ख़तरे से सावधान करता है ताकि हम या तो उसका सामना करें या जान बचा कर भाग जाएँ। भावनात्मक दृष्टिकोण से यह हमें एक अन्य प्रकार के ख़तरे की चेतावनी देते हुए बताता है कि हमारे तंत्र में ऐसा कुछ है जिसे बदलने की आवश्यकता है। इस तरह क्रोध सतत सुधार का एक महत्वपूर्ण साधन बन सकता है।

क्रोध की शुरुआत किस कारण से होती है?

क्रोध की शुरुआत के कई बाहरी और आंतरिक कारण हो सकते हैं। उदाहरण के लिए, दुःखद घटनाएँ और परिस्थितियाँ, अपमान, आलोचना, अवांछित सलाह, धमकियाँ, अन्याय, अनादर आदि ऐसे बाहरी कारण हैं जिनसे क्रोध

की शुरुआत होती है। अपेक्षाएँ, इच्छाएँ, चाहतें और भय वे कारण हैं जिनसे हमारे भीतर क्रोध उत्पन्न होता है। क्रोध की उत्पत्ति हृदय की गहराई से भी हो सकती है लेकिन हमें अतीत से उपजे उस क्रोध के कारण का हमेशा ही भान नहीं होता क्योंकि वह काफ़ी लंबे समय से हमारे अवचेतन मन में दबा पड़ा होता है और वहाँ यह ऊर्जा अटक कर एक ग्रन्थि का रूप ले लेती है। जब यह ग्रन्थि सतह पर आती है तब उसमें दबी हुई ऊर्जा मुक्त हो जाती है।

हर वह चीज़ जो आपके सिम्पैथेटिक नर्वस सिस्टम (अनुकंपी तंत्रिका तंत्र) की "लड़ो या भागो" प्रतिक्रिया को उत्तेजित करती है, वह क्रोध पैदा कर सकती है क्योंकि हमारे जैविक क्रम-विकास ने हमें अपने अस्तित्व पर आने वाले ख़तरे के विरुद्ध प्रतिक्रिया करने के लिए तैयार किया है। असली समस्या तब खड़ी होती है जब हम अपनी रोज़मर्रा की छोटी-छोटी बातों में भी ख़तरा देखने लगते हैं।

क्रोध का सबसे सामान्य कारण आलोचना है, ख़ासकर जब वह अवांछित और अनुचित हो। इसका दूसरा सामान्य कारण अपूर्ण अपेक्षाएँ हैं। जब हम उनके पूरा होने के लिए ज़िद करने लगते हैं तो यह आग में घी डालने के जैसे काम करती है। यहाँ अपेक्षा होने और उसके पूरा होने की ज़िद के बीच अंतर को समझना ज़रूरी है। उदाहरण के लिए, जब एक बच्चा कहता है, "काश माँ मुझे लेने स्कूल आएँ" और "सिर्फ़ मेरी माँ ही मुझे स्कूल से लिवाने आएँ", इन दोनों वाक्यों के बीच का अंतर समझें। कैसी भी ज़िद क्रोध को भड़काने में आग में घी जैसा काम करती है।

हमारे व्यवहार में क्रोधपूर्ण प्रतिक्रियाएँ कौन सी होती हैं?

जब भी हमें क्रोध आता है तो हम अक्सर किसी अन्य को या किसी बाहरी चीज़ को इसका दोषी मानते हुए इस तरह प्रतिक्रिया देते हैं – "तुम मुझे बहुत गुस्सा दिलाते हो!" "तुमने ऐसा क्यों किया?" ये बाहरी तौर पर उकसाने वाली बातें क्रोध का कारण हो सकती हैं लेकिन प्रतिक्रिया असल में हमारे भीतर ही होती है। उदाहरण के लिए, जब हमारे वैवाहिक सम्बन्ध में समस्या आ जाती है तो हम अक्सर अपने साथी को ही दोषी ठहराते हैं। हममें से कितने लोगों में इतनी ईमानदारी है कि दूसरों को कसूरवार ठहराने की बजाय अपने अवगुणों और व्यक्तिगत कमियों की ओर देखें?

कभी-कभार हम ख़ुद को ही दोषी करार देते हैं, "मैं इतना बेकार आदमी हूँ! मैं बार-बार वही ग़लती दोहराता रहता हूँ।" जब यह आरोप लगाने की आदत ख़ुद की ओर रुख कर लेती है तब भी यह विनाशकारी हो सकती है और इसका भी कोई अच्छा परिणाम नहीं होगा।

क्रोध में हम आक्रामक होंगे, रक्षात्मक होंगे या आहत होंगे, यह हमारी उस समय की मनःस्थिति पर निर्भर करता है। लेकिन यदि हम अलग तरीक़े से प्रतिक्रिया करें तो फिर क्या होगा? यदि हम थोड़ा विराम लेकर इस परिस्थिति को अपने बारे में कुछ सीखने के अवसर के रूप में देखें तब क्या होगा? आलोचना का उदाहरण लें – यदि हमें किसी की कही बात उचित नहीं लगती तो उनसे सहमत होने की कोई ज़रूरत नहीं है लेकिन आख़िर वे कहना क्या चाह रहे हैं उस बात को खुले दिल से समझने की कोशिश तो हम कर ही सकते हैं।

यदि वह व्यक्ति कहे, "आपने उस परिस्थिति में जो किया वह मुझे पसंद नहीं है," तो इसके जवाब में हम कह सकते हैं, "मुझे इस बात का एहसास ही नहीं हुआ था जब तक कि आपने नहीं बताया, धन्यवाद।" इस स्तर की ग्रहणशीलता के साथ हम परिवर्तन और नवीन सम्भावनाओं का स्वागत करते हैं और इसके परिणामस्वरूप हमारे व्यक्तित्व में लगातार सुधार होता जाता है। हम जो कुछ करते हैं उसमें उत्कृष्टता हासिल करने की ओर पहला कदम है – आलोचनाओं को स्वीकार करना। आलोचना को हमेशा ही नकारात्मक तौर पर नहीं समझना चाहिए; यह हमारे लिए हितकारी हो सकती है।

आइन्स्टीन ने एक बार कहा था, "हम अपनी समस्याओं का हल अपनी सोच के उसी स्तर से नहीं निकाल सकते जिस स्तर से वे पैदा हुई थीं।" इसलिए जागरूकता के जिस स्तर से क्रोध उपजा था उसे नियंत्रित करने के लिए हमें उस स्तर की जागरूकता के परे जाना होगा। तत्काल आवश्यकता यह है कि हम जागरूकता के उच्चतर स्तर पर पहुँचें।

उस उच्चतर स्तर की जागरूकता का क्या अर्थ है? इसका मतलब यह है कि हम अपने मन को राय बनाने, पूर्वाग्रहों, धारणाओं और प्रतिक्रियाओं के आधार पर ख़ुद को व्यक्त करने से रोकें। हम अपने मन को इन सबके प्रभाव

से मुक्त रहने के लिए कैसे प्रशिक्षित करें? यही इस बात का मर्म है। हमें कोई ऐसा तरीक़ा खोजना होगा जो इस चीज़ का आंकलन करे और समाधान बताए। हमें स्थिति की वास्तविकता को स्वीकार करके उस स्तर से काम शुरू करना होगा।

जब हम शिकायत या दोषारोपण करते हैं तो यह इस बात का संकेत है कि हम स्थिति को स्वीकार नहीं कर पाए हैं। जहाँ एक ओर आरोप-प्रत्यारोप हमें असहाय बना देता है वहीं दूसरी ओर हम तर्क व प्रलाप करके यह सिद्ध करने की कोशिश में लग जाते हैं कि इसमें हमारी ग़लती नहीं है। हम दूसरों की ओर उँगली उठाते हैं और ख़ुद की ग़लती को अनदेखा करते हैं।

दूसरी प्रवृत्ति है क्रोध को दबाना, जिसके कारण हमारे अंदर भावनाओं का दबाव बढ़ता जाता है। इस ऊर्जा का या तो हमारे भीतर ही अंतःस्फोट हो जाता है या यह भीतर ही भीतर भावशून्य होकर रुक जाती है जिसके कारण अंदर ही अंदर आक्रोश और कड़वाहट के अंतर्भाव भरने लगती है। इसके अपने परिणाम होंगे और यह निश्चित रूप से शारीरिक और मानसिक स्वास्थ्य समस्याओं के रूप में बाहर आएगा।

इस क्रोध-ऊर्जा के प्रति एक सही प्रतिक्रिया क्या होगी? आइए हम स्वीकृति के भाव पर फिर से बात करते हैं। ऐसी स्थिति की कल्पना करें जब किसी ने आपके पूरे परिवार को आहत किया हो। क्या इस स्थिति को स्वीकारने का मतलब यह है कि आप हाथ पर हाथ धरे बैठे रहें और कुछ भी न करें? नहीं। एक बार किसी ने मुझसे इसी तरह का प्रश्न पूछा था, "स्वीकृति ग़ैर ज़िम्मेदारी कब बन जाती है?" स्वीकार करने का मतलब डरपोक या कमज़ोर होना नहीं है। इसका मतलब केवल यह है कि उस समय बग़ैर तीव्र प्रतिक्रिया किए वर्तमान परिस्थिति की वास्तविकता को स्वीकार करना। वहाँ से हम आगे बढ़ते हैं। तब इससे एक नई तरह की चेतना उजागर होगी और सही कदम उठाया जाएगा।

चेतना के इस विस्तार में हार्टफुलनेस कई तरीक़ों से सहयोग देता है, इनमें निम्नलिखित तरीक़े शामिल हैं –

अपने केन्द्र से जुड़ें जो हमारे अंदर तत्काल एक संतुलित धारणा बना देता है।

हार्टफुलनेस सफ़ाई की प्रक्रिया भावनात्मक जटिलताओं की सफ़ाई कर देती है और हमें तीव्र भावनात्मक आवेश से छुटकारा पाने में मदद करती है।

प्राणाहुति[1], क्रोध, तनाव और भय पर काबू पाने के लिए एक चमत्कारिक उत्प्रेरक की तरह कार्य करती है।

जागरूकता और मनोभाव

अपने आप से पूछिए, "जब मैं क्रोधित होता हूँ तो उस समय मेरे भीतर जो हो रहा है उसके प्रति क्या मैं सचेत रहता हूँ या केवल अवचेतन पैटर्न के आधार पर प्रतिक्रिया करता हूँ?" अक्सर जागरूकता के अभाव में हम प्रतिक्रियात्मक क्रोध के रूप में प्रतिसाद देते हैं। ध्यान के माध्यम से हम अपनी जागरूकता का विस्तार करना सीखते हैं जिससे हम अपने क्रोध पर बेहतर ढंग से काबू पा सकते हैं।

जब आप क्रोधित होते हैं तब ग़ौर करें कि क्रोध किस तरह ऊर्जा के रूप में आपके तंत्र में प्रवाहित हो रहा है। इसे दबाएँ नहीं बल्कि जैसा है वैसा रहने दें। बस इसके प्रति जागरूक रहें। साक्षी होने की यह क्रिया स्वतः अंधकार में प्रकाश की तरह चमक बिखेर देगी। जब आप इस बात के प्रति जागरूक रहते हैं कि आपके भीतर क्या हो रहा है तब शांति की दशा का उतर आना सरल हो जाता है। जो ऊर्जा क्रोध को भड़का रही थी वही अब शांति को बढ़ाएगी और वह ऐसी नितांत शांति होगी जिसका अनुभव आपने पहले कभी नहीं किया होगा। यह विरोधाभास क्रोध की प्रकृति के कारण होता है। जैसे-जैसे आप अधिक जागरूक बनते जाते हैं, क्रोध के आने और उसके शांत

[1] प्राणाहुति हार्टफुलनेस ध्यान की विशेषता है। यह हमारे ऊर्जा-क्षेत्र की आंतरिक जटिलताओं को हटा देती है और आध्यात्मिक केन्द्रों या चक्रों की सफ़ाई करके उन्हें प्रकाशमान करती है। प्राणाहुति केन्द्र की ओर हमारी यात्रा की बाधाओं को दूर करती है। यह ध्यान को वास्तव में गतिशील बनाती है। प्राणाहुति के बारे में अधिक जानकारी इस किताब के अंतिम अध्याय में उपलब्ध है।

हो जाने के मध्य का अंतराल कम होता जाता है। जैसे-जैसे आपकी बढ़ती जागरूकता के साथ यह अंतराल लगातार कम होता जाता है, एक समय ऐसा आता है जब यह लगभग शून्य हो जाता है। ऐसी स्थिति में आप आमतौर पर शांत बने रहेंगे।

जागरूक रहने से हमें क्रोध को दबाने की आवश्यकता नहीं पड़ती। वह तो हमें केवल तब करना पड़ता है जब हम क्रोध के कारण को समझ नहीं पाते या इसे किसी अधिक अर्थपूर्ण तरीक़े से व्यक्त नहीं कर पाते। तब यह हमारे भीतर ही भीतर बढ़ता जाता है और अनेक तरह की मानसिक, भावनात्मक, शारीरिक और स्वास्थ्य सम्बन्धी समस्याओं का कारण बन जाता है जैसे अवसाद और जीवन के प्रति असंतोष[2], नकारात्मक भावनाएँ और अप्रामाणिकता की अनुभूति[3], हृदयवाहिका (कार्डियोवैस्कुलर) तंत्र की अधिक अनुकंपी सक्रियता (सिम्पैथेटिक एक्टिवेशन)[4], मनमुटाव टालने की वृत्ति, अपराधबोध और अनावश्यक विचार करने की प्रवृत्ति[5]। इसके अलावा, क्रोध को दबाने वाले असहायता की धारणा से भी ग्रस्त हो जाते हैं।[6] मस्तिष्क के मध्य भाग में स्थित अमिग्डला के उत्तेजित हो जाने से भी आक्रामकता[7] विशेषकर अप्रत्यक्ष आक्रामकता बढ़ती है। दरअसल हम सभी में आक्रामक सूचनाएँ अमिग्डला में ही बनती हैं। मध्य मस्तिष्क को डर या ख़तरे की स्थिति में इस तरह की प्रतिक्रिया देने के लिए तैयार किया जाता है। अतः यह सब इस बात पर निर्भर करता है कि हम अपने चारों ओर की दुनिया

---

[2] ग्रॉस, जे.जे. एंड ओ.पी.,2003. इंडिविजुअल डिफरेंसेस इन टू इमोशन रेगुलेशन प्रोसेसेज़, इम्प्लिकेशन्स फॉर एफेक्ट रिलेशनशिप्स एंड वेलबीइंग। जे पर्स सोक सायकोल 85(2): 348-362

[3] पूर्वोक्त

[4] ग्रॉस, जे.जे., ऐन्टिसीडेंट एंड रिस्पांस फ़ोकस्ड इमोशन रेगुलेशन : डाइवर्जेंट कोंसिक़्वेंसेस फ़ॉर एक्सपीरियंस, एक्सप्रेशन, एंड फिजियोलॉजी। जे पर्स सोक सायकोल 74(1): 224-237

[5] कोपर बी.ए. और डी.एल. एपरसन, 1996. द एक्सपीरियंस एंड एक्सप्रेशन ऑफ़ एंगर : रिलेशनशिप्स विथ जेंडर, जेंडर रोल सोशलायज़ेशन, डिप्रेशन एंड मेन्टल हेल्थ फंक्शनिंग। जर्नल ऑफ़ कॉउंसलिंग साइकोल 43(2): 158–165

मार्टिन आर.सी. एंड इ.आर. डाहलेन, 2007। एंगर रिस्पांस स्टाइल्स एंड रिएक्शन टू प्रोवोकेशन। पर्सनालिटी एंड इंडिविजुअल डिफरेंसेस 43(8): 2083–2094

[6] पलफाई, टी.पी. & के.ई. हार्ट, 1997. एंगर कोपिंग स्टाइल्स एंड पर्सीव्ड सोशल सपोर्ट। जे सोक सायकोलॉजी 137(4): 405-411

को किस तरह से देखते हैं और हमारा अवचेतन मन किस चीज़ को ख़तरनाक मानता है।

अनुभवी सैनिकों पर किए गए अध्ययन से पता चलता है कि जिन लोगों में आक्रामक व्यवहार सम्बन्धी समस्या है वे बाह्य उत्तेजनाओं के प्रति ज़्यादा तीव्र प्रतिक्रिया करते हैं जिसमें अमिग्डला से होने वाली प्रतिक्रिया भी शामिल है। उनके मस्तिष्क में अमिग्डला और प्रीफ्रंटल कोर्टेक्स के मध्य जुड़ाव भी कमतर है।[8] युद्ध के दौरान वे जिन हालात से गुज़रे और सम्भावित ख़तरों के बारे में उनकी जागरूकता से विकसित हुई उनकी अतिसंवेदनशीलता, इसका कारण है।

अंत में, इस बात के प्रमाण भी मिले हैं कि भावनाओं को दबाने से आकस्मिक मृत्यु होने का ख़तरा रहता है और जिसमें कैंसर से होने वाली मृत्यु भी शामिल है।[9]

हम इन सबको कैसे रोकें? हम जागरूक रहकर शुरुआत करते हैं और फिर भीतर से अपनी प्रतिक्रियाओं पर काबू पाना सीखते हैं। आंतरिक शांति से हिंसा के आवेग शांत हो जाते हैं। शांतिपूर्ण वातावरण में ही रचनात्मकता को वास्तविक अर्थ मिलता है। शांतिपूर्ण वातावरण में ही माताएँ अपने बच्चों की ठीक से परवरिश कर पाती हैं। शांतिपूर्ण वातावरण में ही हम सुख और कई अन्य आश्चर्यजनक चीज़ों के साक्षी बन पाते हैं और उनका आनंद ले सकते हैं।

[7] वैरनेट के. & ए.मेडसन, 1970. स्टीरिओटाक्सिक अमिग्डलोटोमी एंड बेसोफ्रंटल ट्रैक्टोटोमी इन सायकोटिक्स विद अग्रेसिव बिहेवियर. जे.न्यूरो न्यूरोसर्ज सायकिएट्री 33(6): 858–863
वोस के.डी. और अन्य., 2011. ईगो डिप्लेशन इज़ नॉट जस्ट फटीग : एविडेंस फ्रॉम अ टोटल स्लीप डेप्रिवेशन एक्सपेरिमेंट। सोशल साइकोलॉजिकल एंड पर्सनालिटी साइंस 2(2): 166-173

[8] हीसिंक एल. और अन्य 2018, न्यूरल एक्टिविटी ड्यूरिंग द व्यूइंग ऑफ़ इमोशनल पिक्चर्स इन वेटरन्स विथ पैथोलॉजिकल एंगर एंड अग्रेशन। यूर सायकिएट्री 47: 1-8
वर्कवाइसर टी. और अन्य, 2017.रेस्टिंग-स्टेट फंक्शनल कनेक्टिविटी इन कॉम्बेट वेटरन्स सफरिंग फ़्रॉम इम्पल्सिव एग्रेशन। सोक कोन एफेक्ट न्यूरोस्काई 12(12): 1881-1889

[9] चैपमेन, बी.पी और अन्य 2013. इमोशन सप्रेशन एंड मोर्टलिटी रिस्क ओवर अ 12-ईयर फॉलो अप। जे. सायकोसोम रेस 75(4): 381-385. doi:10.1016/j.jpsychores.2013.07.014

ध्यान के अभ्यास से हमारी जागरूकता और उस क्षण में उपस्थित रहने की योग्यता का विकास होता है जिससे हम क्रोध की दशा में जाने और उससे वापस लौट आने के बीच का अंतराल कम कर पाते हैं। हम समानुभूति और धैर्य के साथ शीघ्र प्रतिक्रिया कर पाते हैं।

अपने आप से एक और प्रश्न पूछें, "मैं अपने क्रोध को बाहर आने से क्यों रोकना चाहता हूँ?" क्या यह इसलिए है क्योंकि आप सोचते हैं कि क्रोध करना पाप है, या फिर इसलिए कि यह तनाव पैदा करता है जो आपके तंत्र को नुकसान पहुँचाता है? यदि ऐसा है तो इस स्थिति में आपकी सोच उस व्यक्ति से तो एक कदम आगे की है जो हर वक़्त गुस्सा होता रहता है। लेकिन आपमें यह इच्छा स्वयं पर होने वाले नकारात्मक परिणाम से बचने के लिए पैदा हुई है, दूसरों के प्रति वास्तविक करुणा के कारण नहीं। आप जिस मनोभाव से क्रोध को व्यक्त होने से रोकते हैं वही आपका भविष्य बदल देगा। क्या यह इसलिए है कि आप किसी को ठेस नहीं पहुँचाना चाहते या यह आपके ख़ुद के बचाव के लिए है? क्रोध करने की बजाय हमेशा करुणा और दयालुता को चुनना बेहतर विकल्प होता है।

कुछ देर विराम लेना सीखें

जब आप क्रोध की दशा में होंगे तो आप स्पष्टता से नहीं सोच पाएँगे और न ही दूसरों के प्रति दया व करुणा से भरी प्रतिक्रिया दे पाएँगे, ख़ासकर उस इंसान के प्रति जिसने आपके क्रोध को उकसाया था। मैंने अपने अनुभव से सीखा है कि क्रोध आने पर थोड़े समय का विराम लेना हमेशा अच्छा होता है। वरना, यदि आपका क्रोध फूट पड़ता है तो इसका दूसरों पर पड़ने वाला प्रभाव दीर्घकालिक और तनावपूर्ण हो सकता है और इससे अनावश्यक नुकसान हो सकता है।

यदि आप ख़ुद पर ग़ौर करें तो पाएँगे कि ऐसी विस्फोटक शक्ति आपके अंदर 24 घंटों से अधिक समय तक टिक नहीं पाती। इतने समय में या तो इसकी विस्फोटक शक्ति बाहर निकल जाती है या यह शांत हो जाती है।

ध्यान का नियमित अभ्यास आपको कुछ पल ठहरने, मनन करने और देर से प्रतिक्रिया देने के लिए प्रशिक्षित करता है ताकि आप -

दूसरे व्यक्ति के प्रति कुछ नरमाई का भाव महसूस करें क्योंकि आपको उसका परिप्रेक्ष्य भी समझ में आने लगता है।

सोचें, “अरे ये बहुत अच्छा हुआ कि मैंने कोई प्रतिक्रिया नहीं की।”

इस बात को समझें कि दूसरे व्यक्ति के कहे शब्दों में भी कुछ सच्चाई है। तब अपने विचार साझा करने के लिए आप उनका आभार मान सकते हैं। सामने वाला व्यक्ति ग़लत ही क्यों न हो फिर भी तुरन्त प्रतिक्रिया न देकर आप सम्बन्ध बनाए रख सकते हैं और स्थिति में सुधार ला सकते हैं।

अपने वास्तविक स्वभाव को उजागर करें

भावनाएँ आपके ऊर्जा क्षेत्र – आपकी चेतना के क्षेत्र में स्पंदनात्मक बदलाव का संकेत हैं। अक्सर हम किसी विचार या विश्लेषण की प्रक्रिया से गुज़रे बग़ैर अपने मनस की गहराई में स्थित अवचेतन में पूर्व निर्धारित प्रोग्राम के अनुसार प्रतिक्रिया करते हैं। इस स्थिति में विचार प्रतिक्रिया के बाद आता है। ऊर्जा क्षेत्र में एक बार स्पंदनात्मक परिवर्तन होने पर जब क्रोध सक्रिय हो जाए तब उस ऊर्जा का उपयोग होना ज़रूरी है वरना वह वहीं अटकी रहती है जब तक कि उसका उपयोग न हो जाए। इसी तरह किसी व्यक्ति के साथ एक दुःखद मनमुटाव एक तरह की भावनात्मक छाप बनाता है जो मनस पर तब तक बनी रहती है जब तक इसका अंततः निवारण न हो जाए और दोनों के बीच प्रेम का अभाव एक खालीपन न पैदा कर दे। इन सभी चीज़ों का आप पर और आपके जीवन में आने वाले अन्य लोगों पर भी असर होता है। सकारात्मक भावनाएँ भी अपना एक ऊर्जा क्षेत्र बनाती हैं। उनका प्रभाव ऊर्ध्वगामी (ऊपर की ओर) वक्र बनाता है जबकि नकारात्मक भावनाएँ अधोगामी (नीचे की ओर) वक्र बनाती हैं।

ऐसे समझदार लोग जिन्होंने क्रोध को जीत लिया है उन्हें विराम लेने का अभ्यास करने की ज़रूरत नहीं है क्योंकि उन्हें क्रोध का रचनात्मक उपयोग करना आता है। वे परिस्थिति का पूर्वानुमान लगा लेते हैं और ख़ुद को उसके अनुसार ढाल लेते हैं। आगे चलकर उनकी आंतरिक हालत इतने उच्च स्तर की हो जाती है कि उन्हें ख़ुद को ढालने की ज़रूरत ही नहीं पड़ती। वे क्रोध को अपने आंतरिक रूपांतरण का एक साधन समझते हैं। इसके विपरीत कुछ

ऐसे लोग हैं जिन्हें हालाँकि यह एहसास है कि उनके क्रोध दर्शाने से क्या परिणाम होगा फिर भी वे हमेशा दूसरों पर दोषारोपण करते हैं और क्रोध को रोक नहीं पाते। हममें से ज़्यादातर लोग इन दोनों स्थितियों के बीच में कहीं होते हैं। हमें क्रोध के दौरान या उसके तत्काल बाद अपनी भूल समझ आ जाती है और तब हम इस स्थिति को सुधारने की कोशिश भी करते हैं।

समझदार लोग एक और तरह के समय-अंतराल पर भी महारत हासिल करना सीख जाते हैं – यानी व्याकुल करने वाली दो कामनाओं के बीच का अंतराल। हम भी चाहते हैं कि यह अंतराल बढ़े। जैसे-जैसे यह अंतराल बढ़ता जाता है वैसे-वैसे दो परस्पर सम्बद्ध विचारों के बीच का अंतराल भी बढ़ने लगता है। आख़िरकार यह हमें मनस की ऐसी आत्मतुष्ट दशा की ओर ले जाता है जिसमें इच्छाओं, भावनाओं और विचारों की अधिकता का दबाव व खिंचाव नहीं होता बल्कि यह एक विशुद्ध जागरूकता की शांत स्थिति होती है।

यह हमें एक अन्य क्षमता, एकाग्रता, की ओर ले जाती है जिससे हम एक समय में अपना ध्यान एक ही चीज़ पर टिकाते हैं। इसके बाद हम जीवन के अत्यंत वांछित लक्ष्यों की ओर बढ़ते हैं। आंतरिक शांति के प्रभाव से इच्छाएँ और अहंकार दूर हो जाते हैं और एकाग्रचित्तता हमें अपने लक्ष्य की ओर लेकर जाती है। ये दोनों हमें अपनी उच्चतम क्षमता की ओर बढ़ने में मदद करते हैं। हमारे विचार, संकल्पनाएँ और मनोभाव धीरे-धीरे परिवर्तित हो जाते हैं और चूँकि दो विचारों के बीच का अंतर बढ़ जाता है इसलिए अनुभूतियों को उभरने के लिए एक खाली स्थान मिल जाता है। अब हम अलग-अलग प्रकार की अनुभूतियों का अनुभव करने लगते हैं।

अनुभूतियाँ बनाम भावनाएँ

यहाँ मैं अनुभूतियों और भावनाओं के बीच का अंतर स्पष्ट करना चाहूँगा – अनुभूतियाँ शुद्ध होती हैं जबकि भावनाएँ हमारे अवचेतन की छापों से गुज़र कर आती हैं। यह आग जलाने की तरह है – जब लकड़ी साफ़ और सूखी होती है तो यह बिना धुएँ के जलेगी जबकि गीली लकड़ी को जलाने पर अशुद्धियों के कारण धुआँ निकलेगा। अनुभूतियाँ शुद्ध और सरल होती हैं क्योंकि वे अवचेतन की छापों की वजह से जटिल नहीं हुई होतीं। भावनाओं

में जटिलता की कई परतें होती हैं। इसीलिए हमारी भावनाएँ हमारे भीतर की जटिलताओं की ओर संकेत करती हैं और हमें यह भी दिखाती हैं कि यदि हम अपने अवचेतन की छापों के पैटर्न और प्रवृत्तियों में बदलाव लाकर विकसित होना चाहते हैं तो हमें क्या-क्या छोड़ना होगा।

जिस प्रकार दो विचारों के बीच का अंतर बढ़ता है आख़िरकार उसी प्रकार हमारी दो अनुभूतियों के बीच का अंतर भी बढ़ने लगता है जो उस जगह को निर्मित करता है जहाँ 'कुछ बनने' की संकल्पना घर करने लगती है। इसके बाद 'कुछ बनने' की हर दशा के बीच का अंतर भी बढ़ने लगता है और यह सिलसिला इसी तरह जारी रहता है।

ध्यान के दौरान, जैसे-जैसे दो विचारों के बीच का अंतर बढ़ता है, उसके परिणामस्वरूप हमारा मन एकाग्र होने लगता है। जब दो विचार एक समान होते हैं तब हमारी सोच केन्द्रित हो जाती है। इसी तरह जब दो अनुभूतियों के बीच का अंतर बढ़ता है और समान अनुभूतियाँ दोहराई जाती हैं तब उससे अनुभूतियाँ केन्द्रित होने लगती हैं और अनुभूतियों के केन्द्रित होने का परिणाम शांति और भावनात्मक स्थिरता होता है।

इस दशा की तुलना हम एक अधिक परिवर्तनशील मानसिक दशा से कर सकते हैं। याद करने की कोशिश करें कि पिछली बार आप कब क्रोधित हुए थे – यह क्रोध कितने समय तक कायम रहा? उसके तुरन्त बाद आपने कैसा महसूस किया और कुछ समय बाद आप कैसा महसूस कर रहे थे? अब उस समय के बारे में सोचें जब आप अत्यंत प्रसन्न और ख़ुश थे। यह दशा कितने समय तक रही और इसके बाद क्या हुआ? उदासी के बाद ख़ुशी आती है, मज़े करने के बाद अपराधबोध आता है, क्रोध के बाद करुणा आती है और बेचैनी के बाद शांति आती है। आसमान में बादलों के बदलते स्वरूप की तरह हमारे भीतर भी लगातार परिवर्तन होता रहता है। हमारे विचारों, अनुभूतियों और दशाओं के अनुसार हमारी चेतना का आकाश बदलता रहता है।

आप बहुत ही कम समय में कई सारी चीज़ों के बारे में सोच सकते हैं और महसूस कर सकते हैं। सुबह के समय आप परीक्षा के कारण बेचैन और परेशान हो सकते हैं लेकिन उसके बाद पर्चा अच्छा हो जाने पर आप प्रसन्न और तनावमुक्त महसूस करते हैं। जब आपकी केन्द्रितता, आपकी अनुभूतियों

और दशा के साथ आपका परिवेश भी लगातार बदलता रहता है तब आप असुरक्षित से हो जाते हैं। एक बहुत तेज़ उड़ते पक्षी की कल्पना करें – उसकी तस्वीर खींचना कितना मुश्किल होता है। ऐसा मन जो लगातार एक विचार से दूसरे विचार पर, एक भावना से दूसरी भावना पर, एक अनुभूति से दूसरी पर जाता रहता है उसे किसी एक बिंदु पर केन्द्रित करना बड़ा मुश्किल होता है। मन की गति तो प्रकाश की गति से भी तेज़ होती है! ऐसे में क्या भटकता मन कभी सुख-शांति पा सकता है?

इसका समाधान है – एक केन्द्रित मन विकसित करना। यह किसी तरह के मानसिक अभ्यास, जैसे हार्टफुलनेस[10] के अभ्यास, से ही सम्भव हो सकता है। जब हम इन अभ्यासों को अपनाते हैं तो मन सरलता से और बग़ैर अधिक प्रयास के ही एकाग्र होने लगता है। एक एकाग्र मन होने का स्वाभाविक परिणाम है कि हृदय स्थिर बना रहता है। हम लगातार अपनी अनुभूतियों के साथ तालमेल में रहते हैं। अगर हम इसके साथ अपने बाह्य व्यवहार को भी परिष्कृत कर लें तो हम एक ऐसे स्तर पर पहुँच जाते हैं जहाँ विचार, अनुभूति और दशा की केन्द्रितता एक स्थायी अवस्था बन जाती है।

ध्यान में यह स्थिरता कैसे उत्पन्न होती है? कभी-कभार ध्यान कुंठित कर देता है क्योंकि मन विचारों और भावनाओं से भरा होता है। हम शांत और स्थिर महसूस करने की कोशिश करते हैं लेकिन इसकी बजाय हमें अपने भीतर चल रही गतिविधियों का पूरा-पूरा भान होता है। शुरू-शुरू में ध्यान में ऐसा महसूस होना बहुत सामान्य बात है। शुरुआत से ही एकाग्रता का अनुभव होना बिरले ही हो पाता है। ध्यान करने से मन में एकाग्रता आती है, न कि एकाग्र होने से ध्यान होता है। हार्टफुलनेस में प्राणाहुति हमें शुरुआत से ही केन्द्रित अवस्था की झलक देती है और इससे हमें ध्यान करते रहने के लिए प्रोत्साहन मिलता है।

[10] हार्टफुलनेस की शुरुआत चार मूलभूत अभ्यासों के साथ की जाती है – रिलैक्सेशन, यौगिक प्राणाहुति के साथ ध्यान, सफ़ाई और प्रार्थना। ये सभी अभ्यास एक-दूसरे के पूरक हैं। इनके बारे में अधिक जानकारी के लिए कृपया इस वेबसाइट पर जाइए www.heartfulness.org

आख़िरकार, हम 'अनुभव करने' की स्थिति से आगे निकल कर ऐसी दशा में पहुँच जाते हैं जिसे 'बनना या हो जाना' कहते हैं। 'बनने' और 'कुछ और बनने' के बीच के अंतराल में हम अचल व स्थिर बने रहते हैं। जैसे-जैसे 'बनने' व 'कुछ और बनने' के बीच का अंतराल बढ़ता है यह स्थिर दशा उस महान अज्ञात की गहनता में छलाँग लगाने का मार्ग खोल देती है। हृदय और मन की स्थिरता के बग़ैर ऐसा सम्भव नहीं है।

परिवर्तनशील, ढुलमुल मन का होना एक सामान्य दशा है और विचारों व अनुभूतियों की लगातार बदलने वाली दशा आगे चल कर 'मल्टीपल पर्सनालिटी डिसऑर्डर' यानी एकाधिक व्यक्तित्व विकार में भी परिवर्तित हो सकती है। सतत परिवर्तित होने वाला मन और सतत परिवर्तित होने वाला हृदय एक सतत बदलने वाली चेतना को जन्म देता है – जिसका मतलब है एक ही व्यक्ति में अनेक व्यक्तित्व।

इन सब में 'अनुभूति' का मध्य कारक एक महत्वपूर्ण भूमिका निभाता है। अनुभूतियों में निरंतरता, दो अनुभूतियों के बीच का अधिकतम सम्भव अंतराल ही इंसान के बारे में बताता है।

हम एक ख़ास तरीक़े से ही प्रतिक्रिया क्यों करते हैं?

एक तरह से भावनाएँ और अनुभूतियाँ तो हमारी होती हैं लेकिन परिस्थिति के प्रति एक स्वचालित प्रतिक्रिया के रूप में उन्हें बाहर से भी उत्पन्न किया जा सकता है। वास्तव में, जब मन हृदय द्वारा मार्गदर्शित नहीं होता तो यह बाहरी चीज़ों से आसानी से प्रभावित हो जाता है। दूसरी ओर, जागरूकता मन के परे होती है और इसे बाहरी कारकों से नियंत्रित नहीं किया जा सकता। अभी तक ऐसा वैज्ञानिक प्रयोग नहीं हुआ है जो बताए कि इस जागरूकता का केन्द्र मस्तिष्क में कहाँ होता है? ध्यान करने का और आध्यात्मिकता का एकमात्र उद्देश्य उस सब कुछ के प्रति जागरूकता पैदा करना है जिसे मन कहते हैं और जागरूकता, सतर्कता व उच्चतर चेतना विकसित करने के लिए – मन के साथ जुड़ी अपनी पहचान को अलग करना है।

ध्यान के माध्यम से मन को समझ लेने पर हमें उन चीज़ों के बारे में गहन अंतर्दृष्टि मिलती है जो हमें दुःखी करती हैं और हम यह जान पाते हैं कि हम

एक ख़ास तरीक़े से ही प्रतिक्रिया क्यों करते हैं। यह इस बात पर निर्भर है कि हम अपनी पहचान किस चीज़ से करते हैं? यदि हम अपनी पहचान अपने शरीर से करते हैं तो भौतिक स्तर पर किया गया कोई भी आघात या आलोचना हमें दुःख पहुँचाएगी। उदाहरण के लिए, "तुम्हारी शक्ल बहुत भद्दी है।" ज़्यादातर लोग अपने मन पर आघात किए जाने पर बहुत अपमानित महसूस करते हैं, जैसे "तुम सोचते क्यों नहीं?"– क्योंकि हम शरीर की बजाय अपनी पहचान को मन से अधिक जुड़ा पाते हैं। यही कारण है कि भले 'बाइपोलर डिसऑर्डर' और उच्च रक्तचाप दोनों गम्भीर बीमारियाँ हैं फिर भी हम बाइपोलर डिसऑर्डर से ग्रस्त होने में ज़्यादा शर्मिंदगी महसूस करते हैं – क्योंकि इसका सम्बन्ध मन से है जबकि उच्च रक्तचाप शरीर से सम्बन्धित है।

जब कोई हमारी बुद्धिमत्ता को चुनौती देता है तो यह और भी कष्टकर होता है, "तुम इतने बेवकूफ़ कैसे हो सकते हो!" और यदि कोई हमारे अहंकार को चोट पहुँचाए तो बहुत अधिक कष्ट होता है। सबसे अधिक पीड़ा तब होती है जब कोई आपके हृदय पर आघात करे, "तुम हमारी परवाह नहीं करते" या तुम्हें प्रेम करना आता ही नहीं है।" इस परिप्रेक्ष्य में मन एक बाहरी माध्यम है। जब कोई आपका अपमान करता है और आप क्रोधित हो जाते हैं तो उस व्यक्ति द्वारा किया गया अपमान क्रोध का बाहरी कारण बन जाता है। तो ऐसे कारणों से ख़ुद को अप्रभावित कैसे रखें?

अगर आपका मन भूली-बिसरी बातों से प्रतिक्रिया करता है तो यह आपके पिछले अनुभव के अनुसार एक ग्रामोफ़ोन रिकॉर्ड की तरह कार्य कर रहा है जो मस्तिष्क में तंत्रिका पथ के रूप में दर्ज हो गए हैं। जैसे-जैसे आप उन अनुभवों से अपनी पहचान की परतें हटाते जाएँगे, वैसे-वैसे आपको अपने आंतरिक अस्तित्व की जागरूकता यानी अपनी आत्मा का बोध होगा। अतीत के अपने मानसिक अनुभवों और अपनी आत्मा की उच्चतर जागरूकता के बीच के अंतर की समझ आपके साथ होने वाली सबसे अच्छी बात है, क्योंकि इसके बाद आप मुक्त हो जाते हैं।

जब आपका मन मात्र एक साधन बने रहने की बजाय मालिक की भूमिका निभाने का दिखावा करता है, तब आप एक कठपुतली की तरह काम करते हुए अपनी इच्छाओं के गुलाम बन जाते हैं। ऐसे में उच्चतर लक्ष्य निर्धारित

करने से हमें मदद मिलती है। जब आप उस लक्ष्य पर केन्द्रित होते हैं, तब आप स्वाभाविक रूप से उन विचारों और अनुभूतियों को नज़रअंदाज़ करने लगते हैं जो आपका ध्यान लक्ष्य से भटकाती हैं। आपका संपूर्ण जीवन एक नया आयाम ले लेता है।

दूसरों के साथ बातचीत करना

मगर क्रोध का सम्बन्ध सिर्फ़ हमसे नहीं है। जब दूसरे क्रोधित होते हैं तब क्या होता है? क्या आप उन्हें सही करने की कोशिश करते हैं? उन्हें शांत होने के लिए समय देना ही सबसे बड़ा सहयोग है जो इस स्थिति में आप उन्हें दे सकते हैं क्योंकि इससे उनका क्रोध शांत हो जाएगा। अगर यह सम्भव न हो तो प्रार्थनापूर्ण भाव में बैठकर स्वयं को केन्द्रित करें और उस व्यक्ति को ध्यानपूर्वक सुनकर उसे अपने विस्फोटक क्रोध से मुक्त हो जाने दें।

एक सूक्ष्म सुझाव दें कि उनका क्रोध बाहर निकल रहा है और वे ज़्यादा प्रेमपूर्ण और समझदार बनते जा रहे हैं।

क्या आनंद और क्रोध एक साथ रह सकते हैं? जैसे आग से ठंडक नहीं निकलती उसी तरह क्रोध से आनंद और प्रेम न तो प्रसारित होता है न ही प्राप्त होता है। इसलिए, भले ही आप स्वस्थ, संपन्न और बुद्धिमान हों, अगर आपकी प्रेम पाने और प्रेम करने की क्षमता पर ही प्रश्नचिह्न लग जाए तो क्या होगा? आप इसके परिणामों को स्वयं देख सकते हैं।

आपके भीतर सभी तरह के उपहार मौजूद हैं जैसे आनंद, विनम्रता, सरलता, पवित्रता, दया, करुणा और प्रबल नैतिकता का बल। अगर क्रोध का दुरुपयोग किया गया तो ये सभी इसकी एक छोटी सी चिंगारी से जल कर भस्म हो जाएँगे। क्रोध की अग्नि में क्रमशः हर चीज़ भस्म हो जाती है – शारीरिक स्वास्थ्य, व्यक्तिगत शांति, मानसिक स्वास्थ्य, परिवार में समरसता, परस्पर विश्वास और आपको उच्चतर चेतना से जोड़ने वाला सेतु भी। आपके पास क्रोध के फूट पड़ने के असंख्य तर्क हो सकते हैं लेकिन उनका उपयोग करना ही क्यों?

जब आप ख़ुद को क्रोध से भरा हुआ महसूस करें तब निम्नलिखित सुझावों का पालन करने की कोशिश करें –

* ज़मीन पर सोएँ,
* क्रोध से छुटकारा पाने के लिए रोज़ाना हार्टफुलनेस सफ़ाई करें और
* हलके नीले रंग पर ध्यान करें।

मुझे एक मज़ेदार कहानी याद आ रही है। एक सुबह मुल्ला नसरुद्दीन अपनी पसंदीदा चाय की दुकान पर चाय पी रहे थे। एक बारह साल का लड़का दरवाज़े से भागता हुआ आया और सीधे मुल्ला के पास जाकर उनकी टोपी सर से गिरा दी। लड़के को लगा कि उसने कोई बड़ा मज़ाक किया है और फिर वह वहाँ से भाग गया। मुल्ला ने टोपी उठाकर फिर से अपने सर पर रख ली। अगले कुछ दिनों तक यही होता रहा लेकिन मुल्ला उसी तरह अप्रभावित और शांत बने रहे जबकि दुकान में मौजूद दूसरे लोग भी लड़के के इस तरह के मज़ाक से चिढ़ने लग गए।

एक दिन, मुल्ला के दोस्त ने उससे पूछा, "तुम इस शरारती लड़के को सबक सिखाने के लिए कुछ करते क्यों नहीं? क्या तुम्हें गुस्सा नहीं आता?"

मुल्ला ने कहा, "इसका कोई फ़ायदा नहीं।"

अगले दिन मुल्ला चाय की दुकान पर थोड़ी देर से पहुँचे और वहाँ पहुँचकर देखते हैं कि जिस मेज़ पर वे हर दिन बैठते थे, उस पर एक सिपाही पहले से बैठा हुआ था। इसलिए वे दूसरी मेज़ पर बैठ गए। वह लड़का अपने निर्धारित समय पर आया, रोज़ की तरह उस मेज़ पर गया जहाँ मुल्ला बैठते थे और आदतन सिपाही के सर पर चपत मार कर उसकी टोपी गिरा दी। सिपाही बहुत गुस्सा हुआ। उसने लड़के को गर्दन से पकड़ कर ज़मीन से ऊपर ऊँचा उठा दिया और कड़ी से कड़ी सज़ा दिलाने की धमकी दी।

मुल्ला नसरुद्दीन अपने दोस्त की ओर मुड़े और बोले, "क्या अब तुम्हारी समझ में आ गया?"

शक्ति के रूप में क्रोध

हम फिर उसी विचार पर वापस लौटते हैं कि क्रोध एक शक्ति है और इसे नष्ट नहीं किया जा सकता। इसका उच्चतर उद्देश्य व्यक्तिगत सुधार और परिवर्तन लाना है।

जब भी आप क्रोधित हों, तब अपने भीतर इस शक्ति के प्रवाह के प्रति जागरूक रहें। अपने आप से पूछें, "यह मुझसे क्या कह रहा है? मेरी कौन सी इच्छाएँ पूर्ण नहीं हो पा रही हैं? मैं इस मामले में क्या अलग कर सकता हूँ?" फिर इस अवसर का उपयोग ख़ुद को सुधारने के लिए करें। ऐसी जागरूकता में कोई आक्रामकता नहीं होगी बल्कि एक बेहतर भविष्य की आशा होगी।

कमलेश के सुझाव

क्रोध एक शक्ति है। ग़ौर करें कि क्रोध की शक्ति आपके शरीर में किस तरह से गुज़र रही है। इसे दबाएँ नहीं, इसे वैसे ही रहने दें और अपने क्रोध के कारणों, ज़रूरतों, चाहतों और प्रतिक्रियाओं के बारे में अवगत हो जाएँ। फिर स्वयं से पूछें, "मैं इसके लिए अलग ढंग से क्या कर सकता हूँ?" इस शक्ति का उपयोग उद्देश्यपूर्ण परिवर्तन के लिए करें।

हरेक भावना आपकी चेतना के ऊर्जा क्षेत्र के स्पंदन में आए हुए एक परिवर्तन का संकेत है। अक्सर यह एक पूर्व निर्धारित प्रतिक्रिया होती है जो अवचेतन से उभर कर सतह पर आ जाती है। सोच प्रतिक्रिया करने के बाद आती है। देखें कि क्या आप प्रतिक्रिया की लहर के गुज़र जाने की प्रतीक्षा कर सकते हैं ताकि सोच की प्रक्रिया का प्रारम्भ हो सके। इसके बाद चिंतन करें कि किस चीज़ को बदला जा सकता था।

जब आपको बहुत ज़्यादा गुस्सा आए तो निम्न उपाय करें :

* ज़मीन पर सोएँ,
* नियमित रूप से हार्टफुलनेस ध्यान और सफ़ाई करें और
* हलके नीले रंग पर ध्यान करें।

अपनी अपेक्षाओं को त्याग दें। आलोचनाओं और चुनौतियों को स्वीकारें। क्रोध के कारणों को अलग नज़रिए से देखने के लिए अपनी जागरूकता को अलग दिशा में मोड़ें। ध्यान आपको जागरूक होने में, विराम लेने और विवेकपूर्ण प्रतिक्रिया देने में मदद करेगा।

जब कोई दूसरा इंसान क्रोधित हो, तब मौन रह कर आंतरिक रूप से सुझाव दें कि उसका क्रोध बाहर निकल रहा है और वह ज़्यादा प्रेमपूर्ण व समझदार बनता जा रहा है।

असीम प्रेम और करुणा विकसित करना

मैथ्यू रिकार्ड

मैथ्यू रिकार्ड के बारे में

सन् 1946 में फ़्राँस में जन्मे मैथ्यू एक बौद्ध भिक्षु होने के साथ लेखक, अनुवादक और फोटोग्राफर भी हैं। वे सन् 1967 में पहली बार भारत आए जहाँ वे तिब्बत के आध्यात्मिक गुरुओं से मिले। सेल जेनेटिक्स में अपनी PhD करने के बाद वे हिमालय के क्षेत्रों में चले गए जहाँ वे पिछले पैंतालीस सालों से रह रहे हैं।

वे एक विश्वप्रसिद्ध लेखक हैं और अंतर्राष्ट्रीय मंच के जाने-माने वक्ता हैं। दावोस के विश्व आर्थिक मंच, संयुक्त राष्ट्र संघ के मंच और TED के मंच पर ख़ुशी व परोपकारिता पर प्रस्तुत किए गए उनके वक्तव्य सत्तर लाख से ज़्यादा लोगों द्वारा देखे गए हैं। उनका व्यक्तित्व बहुत आकर्षक है जिससे उन्होंने विश्व भर के लोगों के दिलो-दिमाग को प्रभावित किया है।

एक बौद्ध दृष्टिकोण

मैं एक सच्ची कहानी से शुरुआत करता हूँ। दलाई लामा के एक चिकित्सक डॉ. तेंज़िन चोद्रक को कम्युनिस्ट चीन में 25 सालों तक जबरन श्रम शिविर में बंदी बना कर रखा गया। उन्हें अपने अत्याचारियों से कोई सहानुभूति न थी लेकिन वे उनसे नफ़रत भी नहीं करते थे। कारावास में यातना-सत्रों से गुज़रने के बाद, वे हर बार उन अत्याचारियों सहित समग्र प्राणियों के लिए पुनः करुणा महसूस कर पाते थे। उनकी नज़र में वे अत्याचारी गुमराह हो चुके लोग थे और इसलिए वे सभी उनकी करुणा के पात्र थे न कि नफ़रत के। उनका मानना था कि यदि उनका हृदय हमेशा ही द्वेष और शत्रुता के भावों से भरा होता तो इतने सालों तक वे उन भयानक परिस्थितियों में जीवित नहीं रह पाते। प्रेम और करुणा ने उनके जीवन को एक अर्थ दिया।

जैसे कि शाक्यमुनि बुद्ध ने कहा था, "अगर नफ़रत का जवाब नफ़रत हो तो फिर नफ़रत कभी ख़त्म नहीं होगी।" सातवीं सदी के एक अन्य महान बौद्ध गुरु शांतिदेव ने कहा था,

> क्रोध से बड़ा कोई पाप नहीं है,
>
> सहनशीलता से बड़ी कोई तपस्या नहीं है,
>
> इसलिए बिना अधिक समय गँवाए, पूरे मनोयोग से तुम
>
> स्वयं को सहनशीलता में डुबो दो।[11]

सहनशीलता निष्क्रिय, कमज़ोर मन से सहते रहने में स्थित न होकर एक शक्तिशाली, निडर प्रेम और आंतरिक स्वतंत्रता में स्थित होती है। 19वीं सदी के एक जानेमाने व लोकप्रिय तिब्बती गुरु पत्रुल रिन्पोचे ने लिखा,

[11] शांतिदेव, 2006. द वे ऑफ़ द बोधिसत्व (रिवाइज़्ड एडिशन; पद्माकर ट्रांसलेशन ग्रुप, ट्रांस.) बोस्टन : शंभाला।

प्रेम नामक हथियार से अपने नफ़रत रूपी शत्रु को हराओ,
अपने छः लोकों के जीवों के परिवार की रक्षा
करुणा के कुशल साधन से करो।[12]

शाक्यमुनि बुद्ध और मारा की मुलाकात में क्रोध पर प्रेम की जीत को बहुत ही स्पष्टता से चित्रित किया गया है – मारा बुराई का साकार रूप है जो अहंकार और आसक्ति का प्रतीक है। अपने प्रबोधन की पूर्व संध्या में, जब महात्मा बुद्ध बोधि वृक्ष के नीचे बैठे हुए थे तब मारा के राक्षसों ने उन्हें एक विशाल काले बादल की तरह घेर लिया। ईर्ष्या और द्वेष से भरे आक्रोश में वे अपमानजनक शब्दों और हथियारों से उन पर वार करते रहे लेकिन महात्मा बुद्ध शांत बैठे रहे। वे प्रेम और करुणा से ऐसे भरे हुए थे कि उनके अपमानजनक शब्द मधुर गीतों में परिवर्तित हो गए और फेंके हुए हथियार फूलों की बरसात में! प्रेमपूर्ण दयालुता से हम हमेशा द्वेष पर विजय पा सकते हैं। दुश्मनी और आक्रामकता का सामना करने से ही आपकी जाग्रत हो रही चेतना का विस्तार होगा।

प्रेम और नफ़रत एक के बाद एक आ सकते हैं लेकिन एक ही समय पर कभी नहीं। हम या तो दोस्ती में अपना हाथ बढ़ा सकते हैं या फिर किसी को घूँसा मार सकते हैं – पर दोनों एक साथ नहीं कर सकते। हम स्वयं को जितना अधिक प्रेम से भरेंगे हमारे मानसिक परिदृश्य में नफ़रत के लिए उतनी ही कम जगह होगी। हम जैसे-जैसे प्रेम भरे विचार पैदा करते रहेंगे हमारी नफ़रत का गुबार कभी-कभार ही निकलेगा और वह कमज़ोर होकर अंततः पूरी तरह से समाप्त हो जाएगी।

हमें अपने भीतर प्रेम, करुणा और आंतरिक स्वतंत्रता जैसी सकारात्मक अवस्थाओं को विकसित करना होगा। इसके विपरीत नफ़रत, द्वेष, ईर्ष्या, अहंकार, लालच जैसी नकारात्मक अवस्थाओं से हमें बच कर रहना होगा।

[12] पत्रुल रिन्पोचे की बायोग्राफी देखें, द एनलायटेंड वेगाबॉन्ड, 2018, एम.रिकार्ड द्वारा तिब्बती से अनुवादित, शंभाला पब्लीकेशन्स। द वर्सेस कम फ्रॉम दिल्गो ख्येन्त्से रिन्पोचे, 1993. द हार्ट ट्रेज़र ऑफ़ द एनलायटेंड वंस : द प्रैक्टिस ऑफ़ व्यू, मेडिटेशन, एंड ऐक्शन। शंभाला पब्लीकेशन्स।

मेरे एक अन्य गुरु जिग्मे ख्येन्त्से रिन्पोचे ने कहा है, “हमें अपने मन को निराश होने के लिए तालीम नहीं देनी पड़ती। हमें क्रोध को बढ़ावा देने के लिए या अहंकार और गर्व के विस्तार के लिए किसी बाहरी तत्त्व की आवश्यकता नहीं होती।” इसके विपरीत अगर हममें प्रेम और करुणा के लिए सहज क्षमता हो तो भी उन्हें अभ्यास के द्वारा इस हद तक बढ़ाया जा सकता है कि वह हमारा सहज स्वभाव बन जाए। हक़ीक़त में ये भाव “मौलिक अच्छाई” के साथ तालमेल में रहते हैं जो हमारे दिलो-दिमाग के बिलकुल केन्द्र में विद्यमान है जिसे हम “मन की मूल अवस्था”, “मन का वास्तविक स्वभाव”, “बुद्ध-स्वभाव”, “शुद्ध चेतना” या फिर “मौलिक सहजता” कहते हैं।

पत्रुल रिन्पोचे आगे कहते हैं,

> “उसके पीछे न जाओ जिससे नफ़रत करते हो बल्कि अपने क्रोधित मन को देखो।
>
> क्रोध जब स्वयं से स्वतंत्र होकर ऊपर उठता है तो वहाँ उजाले से भरा खालीपन होता है।”

जब हम किसी के लिए नफ़रत महसूस करते हैं तो यह नफ़रत हमारे मन में मौजूद होती है। जब हम इन विचारों या बैर की भावना पर स्थिर हो जाते हैं तब हमारी नफ़रत पूरे ज़ोरों से विकसित हो जाती है। नफ़रत हमें बहुत ताक़तवर लग सकती है लेकिन उसे यह ताक़त कहाँ से मिलती है कि वह इतनी आसानी से हम पर हावी हो जाए? क्या यह हथियारों से लैस किसी सेनापति की तरह कोई बाहरी शक्ति है? वह कहाँ है? क्या हम उसे अपने दिल में, दिमाग में या कहीं और पा सकते हैं? क्या उसका कोई रंग या रूप है? क्या यह आग की तरह जलती है या पहाड़ से लुढ़कते पत्थर की तरह कुचलती है?

आसमान में बादल बहुत ही हल्के-फुल्के से लगते हैं लेकिन वे पूरे आकाश को काला करके सूरज को ढँक सकते हैं। उसी तरह नफ़रत जैसे दुःखदायी विचार हमारी चेतना के शुद्ध प्रकाश को ढँक सकते हैं। अगर हम शुद्ध चेतना को पहचान लें तो नफ़रत अपनी हानि पहुँचाने वाली ताक़त को खो देती है।

हमें औरों में जो बुरे लक्षण दिखाई देते हैं वे हक़ीक़त में उनके लक्षण नहीं होते बल्कि हमारी ही मानसिक रचना का अधिरोपण या उपज है। यदि हम अपने भीतर की नफ़रत पर काबू पा लें तो बाहर के सारे दुश्मन एकदम से ग़ायब हो जाते हैं। कहा जाता है कि काँटों से अपने पैरों को बचाने के लिए सारी पृथ्वी को चमड़े से ढकने से ज़्यादा आसान है कि हम अपने पैरों में ही चमड़े के जूते पहन लें।

फ्रेंच कवि क्रिस्चियन बॉबिन ने लिखा है, "आप चाहे किसी से भी मिलें लेकिन यह जान लें कि वे कई बार विकट परिस्थितियों से गुज़रे हैं।" जब किसी इंसान का मन पहले से ही नफ़रत की आग में जल रहा हो तब उसके प्रति करुणा दिखाना ठीक वैसे ही है जैसे कोई चिकित्सक किसी मानसिक रूप से अस्वस्थ रोगी का इलाज करता है। सबसे पहले, हमें होने वाली क्षति को रोकना है। लेकिन जिस तरह एक चिकित्सक रोगी के दिमाग का फ़ालूदा बनाए बिना उसका इलाज कर पाता है उसी तरह हमें भी स्वयं क्रोध और हिंसा के शिकार हुए बिना इस समस्या का समाधान ढूँढने के लिए सारे सम्भावित साधनों को परखना होगा। अगर नफ़रत का जवाब नफ़रत से दिया जाए तो हमें समाधान कभी नहीं मिलेगा। अब वक़्त आ गया है कि हम अपने ज़ख्मों पर, अपने दर्द पर और दुनिया के पागलपन पर करुणा का मरहम लगाएँ।

कहा जाता है कि एक क्षण का क्रोध बरसों के धीरज को नष्ट कर सकता है। भले ही मुझमें बहुत सी खामियाँ हैं लेकिन क्रोध मेरी सबसे बड़ी अड़चन नहीं है (हालाँकि कुछ और अड़चने हैं!) और मुझे याद नहीं है कि पिछले बीस सालों में मुझे कभी बहुत अधिक गुस्सा आया हो। फिर भी, कई साल पहले, जब मैं नेपाल में किसी मठ में रहता था तब वहाँ एक आदमी था जिसकी वजह से मेरा खून खौल उठा था! उसने हमारे मठ से एक बड़ी रकम का ग़बन किया था और वह मुझे ही नैतिकता का पाठ पढ़ा रहा था। उसने मुझे दुनियादारी से पूरी तरह विमुख हो जाने की सलाह दी। क्रोध से काँपती आवाज़ में मैंने उसे मठ से निकल जाने को कहा और बाहर का रास्ता दिखाया। उस वक़्त मुझे लगा कि मेरा इस तरह से क्रोधित होना पूरी तरह जायज़ था। लेकिन कुछ ही पलों बाद मुझे एहसास हुआ कि क्रोध कितना मूर्खतापूर्ण और विनाशकारी हो सकता है। यह हमारी समझ और आंतरिक शांति को भंग करके हमें वाकई में कठपुतली बना देता है।

क्रोध कहाँ से आता है?

अगर हम ख़ुद पर बारीकी से ग़ौर करें तो हम पाएँगे कि क्रोध का अनुभव तेज़ बुखार आने जैसा है। यह एक अस्थायी स्थिति है और हमें उसे बढ़ावा देने की ज़रूरत नहीं है। जब हम क्रोध को इस दृष्टि से देखते हैं, वह हमारी नज़रों के सामने से ठीक उसी तरह ग़ायब हो जाता है जैसे सुबह धूप निकलते ही कोहरा छँट जाता है।

क्रोध कहाँ से आता है? वह कैसे बढ़ता है और फिर कहाँ ग़ायब हो जाता है? हम बस यकीन से इतना ही कह सकते हैं कि यह मन में पैदा होता है, पल दो पल वहाँ रुकता है और फिर ग़ायब हो जाता है – ठीक उसी तरह जैसे समंदर में लहरें उठती हैं और फिर उसी में विलीन हो जाती हैं।

मेरे मूल गुरु डिल्गो ख्येन्त्से रिन्पोचे ने कहा था, "क्रोध के पैदा होने पर जब हम यह जान लेते हैं कि उसका कोई मूल अस्तित्व नहीं है तो हम सहज ही उससे मुक्त हो जाते हैं। यह मुक्ति उतनी ही सहजता से हो जाती है जैसे पानी की सतह पर बना हुआ कोई रेखाचित्र विलीन हो जाता है।"

नफ़रत, लालच, अहंकार या ईर्ष्या जैसी भावनाओं को अपने अंदर पैदा करके उन्हें एक स्पष्ट रूप देने की अपने मन की शक्ति को हमें कभी कम नहीं आँकना चाहिए। जब हम किसी चीज़ से नफ़रत करते हैं तो उसकी अच्छाइयों को नज़रअंदाज़ करते हैं और बुराइयों को बहुत ज़्यादा तूल देने लगते हैं। जैसे कि मनोवैज्ञानिक आरॉन बेक ने कहा, "किसी भी असली या काल्पनिक ख़तरे के समय हमारे पक्षतापूर्ण विचार और पूर्वाग्रह हमारे मन को जकड़ लेते हैं। यह ठोस मानसिकता, मन का कारागार ही हमारी अधिकांश नफ़रत और हिंसा के लिए ज़िम्मेदार है।[13]"

जब हमारा मन शत्रुता और द्वेष से भरा होता है तो उसे यह भ्रम हो जाता है कि उसकी असंतुष्टि या उदासी का स्रोत कहीं बाहर है। जब हमें यह लगता

[13] बेक, ए., 1999. प्रिज़नर्स ऑफ़ हेट : द कॉग्निटिव बेसिस ऑफ़ एंगर, हॉस्टिलिटी एंड वायलेंस, हार्पर कॉलिंस।

है कि हमारे साथ कुछ ग़लत हुआ है या हमें कोई ख़तरा है तो हम सामने वाले व्यक्ति या समूह के सिर्फ़ नकारात्मक पक्ष पर केन्द्रित हो जाते हैं। हम लोगों और घटनाओं को परस्पर सम्बन्धित कारणों और स्थितियों के एक व्यापक ताने-बाने के रूप में देखने में असफल होते हैं। "शत्रु" की निंदनीय छवि बना कर हम उस धारणा को पूरे व्यक्ति या वर्ग पर लागू कर देते हैं। हम उनकी नीच या घृणित आदतों को उनका स्थायी और मूल स्वभाव मान लेते हैं और उस परिस्थिति का पुनर्मूल्यांकन करना भी ज़रूरी नहीं समझते। ऐसा करके हम अपनी उस स्वाभाविक अच्छाई को ढँक लेते हैं जो हमें औरों को समझने में मदद करती है कि वे भी दुःखों से बचने व ख़ुशी पाने की अभिलाषा रखते हैं।

नफ़रत को सिर्फ़ क्रोध के ज़रिए ही व्यक्त नहीं किया जाता, बल्कि मौका मिलते ही क्रोध फूट पड़ता है। यह दूसरी नकारात्मक भावनाओं और प्रवृत्तियों से भी जुड़ा होता है जैसे उग्रता, द्वेष, कड़वाहट, असहनशीलता, निंदा और सबसे अधिक अज्ञानता। जब हम या हमारे प्रियजन किसी ख़तरे का सामना कर रहे हों तब यह भय से भी उत्पन्न हो सकता है।

अपने निकट सम्बन्धियों से जुड़ी हमारी "रोज़ाना" की नफ़रत को पहचानना तो हम सीख ही सकते हैं। अगर हमें अपने भाई से, अपने सहकर्मी से या अपने पूर्व पति या पत्नी से नफ़रत है तो क्या होता है? हम उन्हीं के विचारों से ग्रसित रहते हैं, उस नफ़रत को अपने भीतर बसा लेते हैं। हम उन्हीं की सोच में डूबे रहते हैं – उनका चेहरा, आदतें, उनका विचित्र व्यवहार हमारे मनसपटल पर इस कदर छाया रहता है कि आख़िरकार हम बौरा जाते हैं। लगातार कायम रहने वाला हमारा जुनून एक साधारण सी घृणा को मानसिक उत्पीड़न में बदल देता है।

नफ़रत के पीछे की परिस्थिति और तीव्रता चाहे जो भी हो वह स्पष्ट रूप से विनाशकारी ही होती है। एक बार नफ़रत हम पर हावी हो जाए तो हम अपने वश में नहीं रहते हैं और प्रेम व करुणा नहीं जता पाते। फिर भी नफ़रत महज़ चंद विचारों से शुरू होती है।

जैसे कि महात्मा गाँधी ने कहा था, "अगर हम आँख के बदले आँख और दाँत के बदले दाँत की माँग करने लगें तो बहुत जल्द सारी दुनिया अंधी और पोपली हो जाएगी।" बदला लेने के नियम को लागू करने की बजाए क्या

अपने मन से इस विनाशकारी द्वेष को दूर करना बेहतर नहीं होगा? भले ही इस तरह का कायापलट कम ही होता है (न्यूरेम्बर्ग के सिर्फ़ एक तोहमतदार, अल्बर्ट स्पीयर को अपनी करनी का पछतावा हुआ था), फिर भी हम उम्मीद तो कर ही सकते हैं।

औश्वित्ज़ में अपनी मृत्यु से कुछ महीने पहले एटी हिलेसम ने लिखा था, "मुझे और कोई रास्ता नज़र नहीं आ रहा। हममें से हर एक को अपने भीतर देखना होगा और हर उस चीज़ को बाहर निकाल फेंकना होगा या नष्ट करना होगा जो उसे लगता है कि दूसरों में से निकाल फेंकना या नष्ट करना चाहिए। अगर हम इस दुनिया में एक रत्ती भर नफ़रत भी और लेकर आएँगे तो यकीनन यह दुनिया हमारे लिए पहले से भी अधिक असह्य हो जाएगी।[14]

अपने व्यवहार में प्रेम और करुणा लाएँ

निःस्वार्थ प्रेम और करुणा का विकास करने के लिए हमारे मन को स्पष्ट, केन्द्रित और तैयार होना चाहिए। इस लक्ष्य को ध्यान में रखते हुए सबसे पहले अपने मन की एकाग्रता में श्वसन प्रक्रिया द्वारा सुधार लाएँ। नासिका से साँस अंदर-बाहर होने पर आप कैसा महसूस करते हैं, इस पर ग़ौर करें। हर तरह के प्रशिक्षण में प्रयास लगता है और हर बदलाव को प्रतिरोध का सामना करना पड़ता है। ध्यान में आने वाली अड़चनों पर आप काबू पा सकते हैं चाहे वह मानसिक उथल-पुथल हो या फिर ध्यान करने में आलस, ढिलाई या दृढ़ता की कमी। उचित होगा यदि आप दिन में कई बार थोड़ी-थोड़ी देर के लिए नियमित रूप से ध्यान करें बजाए इसके कि आप लंबे समय तक ध्यान में बैठें और अनियमित रहें।

निःस्वार्थ प्रेम पर ध्यान करने के लिए सबसे पहले यह समझना आवश्यक है कि हम सभी लोग दुःखों से बच कर ख़ुशी पाने की अभिलाषा रखते हैं। यदि आप सोचते हैं कि आपकी किस्मत में ख़ुश रहना नहीं लिखा है और यदि आपने जीवन में बहुत दुःख-तकलीफ़ें झेली हैं व ख़ुद के प्रति नकारात्मक

[14] हिलेसम, E., 1983. एन इंटरप्टेड लाइफ – द डायरीज़, 1941–43. अर्नाल्ड J. पोमेरैंस द्वारा अनुवादित। जोनाथन केप Ltd.

दृष्टिकोण रखते हैं तो यह कदम उठाना आपके लिए और भी ज़्यादा ज़रूरी है। एक बार जब आप इस अभिलाषा को पहचान लेते हैं तो फिर यह समझना आसान हो जाता है कि बिना किसी अपवाद के संसार के सारे जीव यही अभिलाषा रखते हैं। कोई भी प्राणी दुःख-तकलीफ़ झेलना नहीं चाहता। यह जागरूकता आपको समस्त जीवों से निकटता महसूस करने, उनकी कद्र करने, उनकी किस्मत के बारे में चिंतित होने व उनकी भलाई चाहने में मदद करेगी।

यदि हम निःस्वार्थ प्रेम के लिए ख़ुद को तैयार करने की शुरुआत किसी ऐसे व्यक्ति से करें जो हमें प्रिय हो तो वह ज़्यादा आसान हो जाता है। कल्पना करें कि कोई मासूम बच्चा आपके पास मुस्कराते हुए आकर बड़े भोलेपन से आपकी ओर विश्वासपूर्वक देखता है। उस बच्चे को अपनी बाँहों में लें और असीम प्रेम और करुणा महसूस करें। अपने भीतर के इस प्रेम से ख़ुद को सराबोर हो जाने दें जिसे उस मासूम बच्चे की ख़ुशी के अलावा और कुछ नहीं चाहिए।

उस प्रेम भरी भावना को उन लोगों तक विस्तारित करें जिन्हें आप थोड़ा कम जानते हैं और फिर अजनबियों की ओर बढ़ाएँ। वे भी ख़ुश रहना चाहते हैं भले ही दुःखों से बचने की उनकी कोशिश थोड़ी अटपटी हो। आइए अब और आगे बढ़ें – इस प्रेम और करुणा में उन्हें भी शामिल कर लें जिन्होंने आपको कोई नुकसान पहुँचाया हो और उन्हें भी जो आमतौर पर मानवजाति को नुकसान पहुँचा रहे हैं। उनकी तरफ़ आप उसी नज़र से देखें जैसे कोई डॉक्टर एक बहुत ही बीमार मरीज़ को देखता है। अंत में सभी प्राणियों को इस असीम प्रेम की भावना से घेर लें।

अपने व्यवहार में पूर्ण करुणा लाएँ

जब हम औरों को तकलीफ़ में देखते हैं तब निःस्वार्थ प्रेम करुणा बन जाता है। ऐसे में आप दूसरों की परिस्थितियों से चिंतित हो उठेंगे, आपको उनकी तकलीफ़ों का एहसास होगा और आप चाहेंगे कि उनकी दुःख-तकलीफ़ें दूर हो जाएँ। आप इस दिशा में काम करने के लिए तत्पर हो उठेंगे।

पहले की ही तरह, सबसे पहले अपने किसी बहुत ही दुःखी प्रियजन के लिए पूर्ण करुणा महसूस करें। कल्पना करें कि उस व्यक्ति के शरीर का हर एक

कण प्रेम के कण से बदल दिया गया है और फिर इस स्नेह भरी करुणा को संपूर्ण मानवजाति तक फैलाते हुए हृदय की गहराइयों से प्रार्थना करें कि "संसार के सभी जीव अपने कष्टों व उनके कारणों से मुक्त हो रहे हैं।"

आपकी करुणा और प्रेम अक्सर आपके और आपके प्रियजनों के प्रति दूसरों के परोपकारी या आक्रामक रवैये को दर्शाते हैं। आपको निर्दयी तानाशाहों और उन सभी लोगों पर दया दिखाना मुश्किल लग सकता है जो मानवजाति व समस्त जीवों पर भारी अत्याचार करते हैं। उनके व्यवहार को अनदेखा करके उनके कुकर्मों को नगण्य मानने का तो सवाल ही नहीं उठता। फिर भी, दूसरे इंसान के बारे में हमारी नैतिक राय पर करुणा निर्भर नहीं करती; उसका उद्देश्य तो दुःखों के सारे कारणों का निवारण करना है फिर चाहे वे कोई भी हों और किसी भी रूप में हों। तो आप यह कामना कर सकते हैं, "ईश्वर करे कि ये नफ़रत, लालच, क्रूरता या उदासीनता की भावनाएँ, जो उन्हें दूसरों को हानि पहुँचाने के लिए उकसाती हैं, इनके मन से पूरी तरह निकल जाएँ।"

सदाचार से आनंदित हों

इस दुनिया में ऐसे भी लोग हैं जो विरल गुणों के स्वामी हैं व कुछ अन्य ऐसे हैं जिन्होंने मानवजाति को अत्यधिक लाभ पहुँचाया है और वे इसमें सफल भी हुए हैं। ऐसे ही कुछ अन्य लोग हैं जो हमसे ज़्यादा प्रतिभावान, सुखी और अधिक सफल हैं। क्या आप तहेदिल से और पूरी ईमानदारी से उनके गुणों व उनकी उपलब्धियों की सराहना करते हुए आनंदित हो सकते हैं? क्या आप यह प्रार्थना कर सकते हैं कि उनके गुण इसी तरह बरकरार रहें और उनमें बढ़ोत्तरी होती रहे? ईर्ष्या और द्वेष का इलाज औरों की अच्छाइयों से आनंदित होना है क्योंकि ईर्ष्या व द्वेष जैसी भावनाएँ इंसान को किसी और की ख़ुशी में ख़ुश नहीं होने देतीं। यह गुण दुनिया के प्रति उदासीन व निराशात्मक दृष्टिकोण के लिए भी एक दवा का काम करता है।

अपने व्यवहार में निष्पक्षता लाएँ

निष्पक्षता ऊपर दिए गए तीनों अभ्यासों की पूरक है। हमारी यह इच्छा, कि सारे जीवों को दुःखों से मुक्ति मिले और वे सुखी रहें, वैश्विक होनी चाहिए तथा हमारी पसंद-नापसंद या औरों ने हमारे साथ कैसा व्यवहार किया है इस

बात पर निर्भर नहीं होनी चाहिए। प्रेम और करुणा के भाव तो सूरज की तरह होते हैं जो सभी प्राणियों पर बिना किसी भेदभाव के अपनी रोशनी एक समान बिखेरते हैं। यह सच है कि कुछ लोग हमारे ज़्यादा करीब होते हैं जैसे हमारे बच्चे, माता-पिता या अन्य प्रियजन। जिस तरह सूरज के पास रहने वाले ग्रह थोड़ी अधिक ऊष्मा और गर्मी पाते हैं, ठीक उसी तरह हमारे करीबी लोग व प्रियजन हमसे थोड़ा अधिक प्रेम और अपनापन पाते हैं। लेकिन सूरज औरों के प्रति पक्षपात नहीं करता, वह हरेक जीव पर अपनी रोशनी समान रूप से बिखेरता रहता है। यदि आप प्रेम और करुणा के सूरज को सिर्फ़ कुछ चुनिंदा लोगों पर चमकने तक ही सीमित कर देंगे तो वह सूरज न सिर्फ़ औरों को रोशनी और ऊष्मा देना बंद कर देगा बल्कि आपके प्रियजनों पर भी उसकी चमक फीकी हो जाएगी। आपके परोपकार का दायरा सिकुड़ जाएगा और उसका मूल्य घट जाएगा।

इन चारों व्यवहारों को अपने जीवन में शामिल करें

जब आप निःस्वार्थ प्रेम पर अपनी सोच को लगातार केन्द्रित करते हैं तो हो सकता है आप अपनों के मोह में उलझ जाएँ। ऐसा होने पर अपनी सोच को निष्पक्षता पर केन्द्रित करें ताकि आपका प्रेम सभी को – दोस्तों, अजनबियों और दुश्मनों को भी मिले।

तब हो सकता है कि यह निष्पक्षता, उदासीनता या विरक्ति की ओर मुड़ जाए; आप हर एक के प्रति चिंता महसूस करने की बजाए उनसे विमुख हो जाएँ और उनके भाग्य के प्रति भी उदासीन हो जाएँ। दुनिया के अनगिनत जीवों की तकलीफ़ों व दुःखों के बारे में सोचने का और उनके प्रति असीमित करुणा पैदा करने का समय यही है।

दूसरों के दुःखों पर लगातार सोचते रहने से इस कार्य की विशालता और मुश्किल को देखते हुए हो सकता है कि आप हताश हो जाएँ और ख़ुद को निर्बल समझने लगें। उस वक़्त अपना ध्यान उन लोगों की ओर मोड़ें जिनमें महान गुण हैं तथा जो दूसरों को लाभ पहुँचाने के लिए सराहनीय काम करते हैं और उनके लिए ख़ुश हों।

अगर यह आनंद आपको एक सरल हर्षोल्लास की तरफ़ ले जाए तो फिर से अपना ध्यान निःस्वार्थ प्रेम की तरफ़ ले आएँ। बस इसी तरह आगे बढ़ते रहें।

ध्यान सत्र के अंत में एक क्षण के लिए दुनिया के प्रति अपनी परिकल्पना की ओर लौटें। सभी चीज़ों की एक-दूसरे के प्रति परस्पर निर्भरता पर कुछ देर मनन करें और अपने अहं के परे जाकर असलियत को समझने के एक न्यायसंगत तरीक़े को विकसित करने की कोशिश करें। यह समझिए कि हर एक चीज़ अस्थायी है, परस्पर निर्भर है और इसलिए आपकी समझ के विपरीत एक स्वतंत्र अस्तित्व से वंचित है। इसका भान होने से दुनिया को देखने का आपका नज़रिया बदल जाएगा। कुछ क्षण तक सरल सादगी की अवस्था में और इस वर्तमान पल की जागरूकता में बने रहें जहाँ मन अप्रासंगिक विचारों से परे हो।

अपनी दिनचर्या शुरू करने से पहले अपनी रोज़मर्रा की ज़िंदगी और ध्यान के बीच की दूरी को ख़त्म करने का संकल्प लें। ऐसा करने के लिए तहेदिल से अपने ध्यान के फल को सभी प्राणियों को अर्पित कर दें। यह सोचें, "ईश्वर करे कि भूत, भविष्य और वर्तमान के सारे अच्छे कर्मों, शब्दों तथा विचारों द्वारा और ध्यान द्वारा निर्मित सकारात्मक ऊर्जा वर्तमान व भावी पीढ़ियों के सभी प्राणियों के दुःखों को कम करने में अपना योगदान दे।"

प्रेम और करुणा को सिर्फ़ इंसानों तक सीमित नहीं रखा जाना चाहिए। इसे दुनिया की आठ करोड़ प्रजातियों की ओर भी बढ़ाना चाहिए जो इस संसार में हमारे साथ निवास करती हैं। ऐसा अनुमान लगाया जाता है कि दुनिया के आरम्भ से लेकर अभी तक तकरीबन 110 अरब इंसान इस ग्रह पर रह चुके हैं। करीब-करीब इतने ही जलचर और जानवरों को हम हर दो महीनों में "अपनी ज़रूरत" के नाम पर मार डालते हैं। यदि हम सुसंगत नैतिकता और परोपकारी प्रेम चाहते हैं तो हमें सभी दुःखी प्राणियों तक न्याय व करुणा की भावना का विस्तार करना होगा। जैसे फ्रेंच कवि लामार्टिन ने कहा, "किसी भी इंसान के पास दो दिल नहीं होते – एक इंसानों के लिए और दूसरा जानवरों के लिए। उसके पास या तो दिल होता है या फिर नहीं।"

मैथ्यू के सुझाव

धैर्यवान बनें। नफ़रत करने से बचें। धैर्य शक्ति, साहस, प्रेम और आंतरिक स्वतंत्रता का परिणाम है।

प्रेम आक्रामकता को जीत लेता है – आपके अंदर जितने अधिक प्रेम भरे विचार होंगे नफ़रत के लिए उतनी ही कम जगह होगी।

जिस पर क्रोध आता हो उसी के बारे में सोचते रहने से अच्छा है कि आप अपने मन की ओर देखें। अपने भीतर की नफ़रत पर काबू पा लें तो बाहर के शत्रु अपने आप ग़ायब हो जाएँगे।

एक पल का गुस्सा वर्षों के धैर्य को नष्ट कर देता है। क्रोध तेज़ बुखार की तरह होता है, यह सदा के लिए नहीं रहता। उसे अपनी पहचान न बनाएँ।

चार अभ्यास -

* निःस्वार्थ प्रेम की भावना पर नियमित ध्यान करें।
* पूर्ण करुणा विकसित करें।
* दूसरों की उपलब्धियों से आनंदित हों।
* यह कामना करें कि सारे जीव प्रेम और करुणा से भरते जा रहे हैं और दुःखों से मुक्त हो रहे हैं।

क्रोध और प्रेम का एक विकासपरक दृष्टिकोण

जेम्स डोटी

जेम्स डोटी के बारे में

जेम्स डोटी MD, स्टैनफ़ोर्ड यूनिवर्सिटी में सेंटर फ़ॉर कम्पैशन एंड अल्ट्रूइज़म रिसर्च एंड एड्यूकेशन (CCARE) के संस्थापक एवं निदेशक हैं जिसके संस्थापक मददगार परम पूज्य दलाई लामा हैं। वे विभिन्न क्षेत्रों-विधाओं के वैज्ञानिकों के साथ करुणा और परोपकारिता की तांत्रिकीय पृष्ठभूमि पर काम करते हैं। CCARE के माध्यम से डॉ. डोटी ने तनाव, चिंता और अत्यधिक थकान आदि मुद्दों को सम्बोधित करने के लिए कई तकनीकों, ऐप और कार्यक्रमों के विकास पर ध्यान दिया है।

वे स्टैनफ़ोर्ड यूनिवर्सिटी के स्कूल ऑफ़ मेडिसिन के न्यूरोसर्जरी विभाग में सहायक प्रोफ़ेसर के रूप में भी कार्यरत हैं। डॉ. डोटी एक आविष्कारक, व्यवसायी व समाजसेवी हैं और उन्होंने विश्वभर में शांति प्रयासों में सहयोग देने तथा स्वास्थ्य सेवा प्रदान करने के लिए कार्यरत दानशील संस्थाओं को अपना योगदान दिया है। उन्होंने अनुसंधान में अपना सहयोग दिया है, छात्रवृत्तियाँ प्रदान की हैं और कई विश्वविद्यालयों में विशेष शोध कार्य के लिए वित्तीय सहायता दी है।

डॉ. डोटी कई लाभ-निरपेक्ष संगठनों की समितियों में हैं। वे 'दलाई लामा फाउंडेशन' के पूर्व अध्यक्ष और 'चार्टर फ़ॉर कम्पैशन' के पूर्व उपाध्यक्ष हैं। वे 'ऑक्सफ़ोर्ड हैंडबुक ऑफ़ कम्पैशन साइन्स' के प्रधान संपादक तथा न्यूयॉर्क टाइम्स की सर्वाधिक लोकप्रिय किताब 'इंटू द मैजिक शॉप – अ न्यूरोसर्जन्स क्वेस्ट टू डिस्कवर द मिस्ट्रीज़ ऑफ़ द ब्रेन एंड द सीक्रेट्स ऑफ़ द हार्ट' के लेखक हैं जिसका अनुवाद चालीस भाषाओं में हो चुका है और जिसकी बुनियाद पर K-पॉप, BTS के नाम से प्रसिद्ध पॉप संगीत ग्रुप का तीसरा एल्बम 'लव योरसेल्फ़ – टियर' बना। उनके लेखन के उद्धरण अनगिनत मीडिया माध्यमों में प्रस्तुत हुए हैं जिनमें वॉल स्ट्रीट जर्नल, द न्यूयॉर्क टाइम्स, द वाशिंग्टन पोस्ट, NBC, ABC आदि शामिल हैं।

एक तंत्रिकाविज्ञान (न्यूरोसाइंटिफिक) परिप्रेक्ष्य

सभी इंसानों में अनुकंपी तंत्रिका-तंत्र (सिम्पैथेटिक नर्वस सिस्टम) होता है जो हमारे स्वायत्त तंत्रिका-तंत्र (ऑटोनॉमिक नर्वस सिस्टम) का एक भाग है (इसका दूसरा भाग परानुकंपी तंत्रिका-तंत्र यानी पैरासिम्पैथेटिक नर्वस सिस्टम है)। यह वेगस तंत्रिका से जुड़ा होता है जो ब्रेनस्टेम से निकलती है और शरीर के सभी अंगों में विशेषकर हृदय में फैला होता है। वेगस तंत्रिका दो-तरफ़ा संचार प्रदान करती है – शरीर के विभिन्न अंगों से आने वाले संदेश मस्तिष्क की ओर तथा मस्तिष्क से आने वाले संदेश अंगों की ओर। इसी जटिल संरचना में स्वायत्त तंत्रिका-तंत्र कार्य करता है।

क्रोध अनुकंपी तंत्रिका-तंत्र की प्रतिक्रिया का भाग है जो हमें ख़तरे से 'लड़ने या भागने' का आदेश देता है। यह हमारे अस्तित्व का भाग है। जब हम 16000 वर्ष पूर्व अफ़्रीका में सवाना के जंगलों में थे (याद रखें कि हमारे DNA में पिछले 200,000 वर्षों में कोई भी महत्वपूर्ण बदलाव नहीं आया है) तब वहाँ घटने वाली घटनाओं ने हमारे अनुकंपी तंत्रिका-तंत्र को सक्रिय किया होगा। हम सम्भवतः हिंसक जानवरों से लड़े होंगे और उन पर काबू नहीं पा सकने की स्थिति में या तो हम भाग गए होंगे या हमने इस उम्मीद के साथ मरने का नाटक किया होगा कि हिंसक जानवर चला जाएगा।

एक प्रजाति के रूप में हमारे प्रारंभिक क्रमिक-विकास में संवेदी (अनुकंपी) प्रतिक्रिया बहुत सहायक थी। आधुनिक समाज की समस्या यह है कि अब हम सवाना के जंगलों में नहीं हैं और हम किसी हिंसक जानवर के सामने भी नहीं हैं। इसीलिए, हममें से अधिकतर लोग क्रोध को भीतर ही दबाकर रखते हैं और उस घटना की एक कहानी बना लेते हैं जिसने क्रोध को उकसाया था जो उन भावनाओं से प्रभावित है जिन्हें हम महसूस कर रहे हैं।

मेरा सुझाव है कि हम सभी को, जिसमें मैं भी शामिल हूँ, ऐसी घटनाओं से निपटना सीखना होगा जो हमारे अंदर क्रोध पैदा करती हैं – चाहे वह कोई इंसान हो जिसने वह काम नहीं किया हो जिसकी हम उससे उम्मीद कर रहे

थे या ऐसा कोई जिसने हमें आहत किया हो – और यह भी सीखना होगा कि ऐसी परिस्थितियों में हम कैसे बरताव करें। क्रोध कभी ख़त्म नहीं होता; यह हमारी स्मृति में बना रहता है और हर बार जब भी हम उसे याद करते हैं यह फिर उसी शारीरिक प्रतिक्रिया को सक्रिय करता है जैसे कि हृदय गति में वृद्धि, रक्तचाप बढ़ना और हार्मोन का स्राव जो हमारे रोग प्रतिरक्षा तंत्र (इम्यून सिस्टम) को प्रभावित करता है और जिसके कारण प्रोटीन स्रावित होता है। जब हम क्रोध को हर समय अपने दिल में रखते हैं तो इससे अनुकंपी तंत्रिका तंत्र का अत्यधिक उत्तेजित होना तय है जिसका हमारे समग्र स्वास्थ्य पर बहुत हानिकारक प्रभाव पड़ता है।

वास्तव में हमारे तंत्र बहुत अधिक प्राकृतिक वातावरण के लिए तैयार किए गए थे। अफ़्रीका के सवाना में जब क्रोध की परिस्थिति आती थी तो लोग या तो मर जाते थे या बच जाते थे। जब वे बच जाते थे तब उनका तंत्र तुरन्त मौलिक स्थिति में वापस चला जाता था लेकिन आधुनिक समाज में हममें से अधिकतर लोगों के साथ ऐसा नहीं होता। इसकी बजाए क्रोध का नकारात्मक भाव जो अक्सर इस एहसास के साथ जुड़ा होता है कि किसी ने हमारे साथ ग़लत किया है, नकारात्मक हार्मोन के स्राव को लगातार बनाए रखता है जो हमें मानसिक और शारीरिक रूप से प्रभावित करता है।

मेरी जीवन यात्रा

जब मैं छोटा था तब मेरे हालात चुनौतीपूर्ण थे। मैं नशीली दवाइयों, शराब व गरीबी से घिरा हुआ था। मेरी माँ मानसिक रूप से बीमार थी। मैं अक्सर क्रोधित महसूस करता था लेकिन मैंने यह भी सीख लिया था कि क्रोध करने से कुछ भी नहीं बदलता। यह सबक अफ़्रीका के सवाना में उपयोगी रहा होगा लेकिन जब मैं बड़ा हो रहा था तब मुझे इससे कोई सहायता नहीं मिली। मेरे दिल में अपने माता-पिता के लिए अत्यधिक क्रोध व आक्रोश था क्योंकि मुझे लगता था कि मुझे अच्छी परवरिश और स्नेह नहीं मिला। इसके परिणामस्वरूप मैंने क्रोध को हमेशा अपने दिल में रखा और इसके बहुत ही नकारात्मक परिणाम हुए।

मैंने अनुकंपी तंत्रिका तंत्र के अत्यधिक उत्तेजित होने और जिन हानिकारक प्रभावों का उल्लेख किया है, उन सभी के अतिरिक्त यह आपकी देखने,

सुनने और विचार करने की क्षमता को भी क्षीण कर देता है क्योंकि अनुकंपी तंत्र का परिणाम एक तीव्र प्रतिक्रिया होती है न कि एक शांत व विचारपूर्ण प्रत्युत्तर। आप अपना बचाव करने की स्थिति में होते हैं और इसलिए कैसे जवाब दिया जाए उसके बारे में सोच समझकर निर्णय लेना बहुत मुश्किल होता है।

जब आप क्रोध और आक्रोश को अपने दिल में रखते हैं तो दूसरे लोग आपकी बातचीत के तरीक़े, आपके चेहरे के हाव-भाव, आपकी शारीरिक मुद्रा और यहाँ तक कि आपकी गंध से भी आपकी भावनात्मक स्थिति को पहचान लेते हैं। वे इस पर प्रतिक्रिया करते हैं। वे आपसे बात करने में सावधानी बरतते हैं क्योंकि उन्हें निश्चित अनुमान नहीं होता कि आप किस तरह की प्रतिक्रिया करने वाले हैं। आपके लिए भी हमेशा श्रेष्ठ व्यवहार करना बहुत कठिन होता है। क्रोध और आक्रोश का भाव श्रेष्ठ बरताव करने की आपकी योग्यता को नष्ट कर देता है।

यदि आपने मेरी किताब 'इन टू द मैजिक शॉप' पढ़ी है तो आपको मालूम होगा कि मैं आक्रोश, क्रोध, शर्म और निराशा से भरा रहता था जब तक कि मुझे यह एहसास नहीं हुआ कि घटनाओं के बारे में मेरा नज़रिया एक तरफ़ा था जो इस बात से दूषित था कि मुझे जिस चीज़ की ज़रूरत थी वह मेरे पास नहीं थी। जब मैं रूथ नामक महिला से मिला तो उन्होंने मुझे अंतर्दृष्टि दी, ध्यान में प्रशिक्षित किया और संसार को एक अलग तरीक़े से देखना सिखाया। रूथ के साथ कुछ समय बिताने के बाद मैं समझ पाया कि घटनाएँ महज़ घटनाएँ होती हैं, उनका कोई सकारात्मक या नकारात्मक पहलू नहीं होता। नकारात्मकता या सकारात्मकता हमारे भीतर से आती है। यह हमारी अपनी मानसिक स्थिति की ही रचना है जो हमारे कष्टों का कारण बनती है।

प्रसन्नता हमारे बाहरी वातावरण से प्रकट नहीं होती बल्कि यह हमारे आंतरिक वातावरण की अभिव्यक्ति है। तूफ़ानी बारिश में बाहर घूम रहे दो लोगों का उदाहरण लेते हैं – एक व्यक्ति सूट व टाई पहने है, वह बिना छाते के बारिश में किसी से नियत समय पर मिलने के लिए दौड़ रहा है। उसे क्रोध आ रहा है, वह ख़ुद को कोस रहा है और इस बात से परेशान है कि उसका सूट गीला हो गया है व बारिश ने उसका दिन खराब कर दिया है। वहीं दूसरा व्यक्ति उसी तूफ़ानी बारिश में बाहर आकर कहता है, "बारिश में भीगने में

कितना मज़ा है। यह मुझे ज़िंदा होने का एहसास दिलाती है, इससे पौधों को पोषण मिल रहा है और मैं इसी प्रकृति का हिस्सा हूँ। यह सबसे अद्‌भुत चीज़ है जो आज मेरे साथ घटित हुई है।" दोनों इंसानों के साथ बिलकुल समान घटना घटित हुई है।

समय के साथ मैंने सीखा कि क्रोध ने न तो कभी बाहरी समस्याएँ सुलझाने में मेरी मदद की और न ही आंतरिक समस्याएँ सुलझाने में। अक्सर क्रोध ने मसलों को और भी ख़राब कर दिया क्योंकि क्रोध में आप चीज़ों की वास्तविकता को नहीं देख पाते।

मैं आपको एक अन्य उदाहरण देता हूँ – एक दिन एक इंसान, जिसके साथ मैंने पहले कुछ अरसे के लिए काम किया था, मेरे दफ़्तर आया। वह आते ही क्रोधित और आक्रामक हो गया। मानवीय स्वभाव के अनुसार मेरा भी अनुकंपी तंत्रिका तंत्र उत्तेजित हो गया था। मैं उसके ऊपर और अधिक क्रोध दिखाकर उसके साथ झगड़ा कर सकता था या चुप रह कर पीछे हट सकता था, लेकिन ऐसा करने की बजाए मैंने उसकी ओर देखते हुए कहा, "आप तो कभी ऐसा व्यवहार नहीं करते। क्या आपको कोई परेशानी है? क्योंकि जिस मुद्दे पर बात करने के लिए हम मिल रहे हैं यह उसके बारे में तो नहीं है? आप मुझे बता सकते हैं कि आपको क्या परेशानी है?" वह रो पड़ा। दो दिन पहले ही उसे पता चला था कि उसकी पत्नी को स्तन कैंसर है। मुझे यह बात समझ आ गई कि मेरे प्रति उसका गुस्सा और आक्रोश उसके इस डर और निराशा के कारण था कि भविष्य में न जाने क्या होगा। उससे एक अलग तरह से बात करके और स्वयं क्रोधित न होकर मैं चीज़ों को स्पष्ट तरीक़े से देख पाया व उस पर नाराज़ होने की बजाए उसकी सहायता कर पाया।

विक्टर फ्रैंकल जिन्होंने 'मैन्स सर्च फ़ॉर मीनिंग' नामक किताब लिखी है, उनके एक कथन को अक्सर उद्धृत किया जाता है कि उत्तेजना और प्रतिक्रिया के बीच में कुछ क्षणों का विराम होता है और उसी विराम में हमारी आज़ादी छिपी है। मुझे लगता है कि क्रोध के साथ भी बिलकुल वैसा ही है। जब कोई घटना घटित होती है तब हमारे पास विकल्प होता है कि हम उस घटना पर कैसे प्रतिक्रिया करें। एक आत्म-जागरूक इंसान जिसने अपनी उग्र प्रतिक्रियाओं को समझने में पर्याप्त समय बिताया है और जिसके पास जीवन का अनुभव व अंतर्दृष्टि है वह स्वयं को तुरन्त ही घटनाओं के प्रति अनुकंपी

तंत्रिका तंत्र की प्रतिक्रियाओं का शिकार नहीं होने देगा। उसे मालूम है कि प्रतिक्रियात्मक होने से वह श्रेष्ठ निर्णय नहीं ले पाएगा। उसका यह कदम समझदारी भरा नहीं होगा। और बिना सोचे-समझे की गई प्रतिक्रिया शरीर में उन रसायनों के स्राव को बढ़ा देगी जो स्वास्थ्य के लिए हानिकारक होते हैं।

इसीलिए, मैं ऐसी परिस्थितियों में सबसे पहले किसी भी प्रकार की राय कायम न करने की कोशिश करता हूँ क्योंकि राय कायम करने से कोई मदद नहीं मिलती। जब हम दूसरों के बारे में इस आधार पर राय बना लेते हैं कि वे हमारे साथ कैसे बात करते हैं, उन्होंने कैसे कपड़े पहने हैं, उनकी शिक्षा का स्तर या रहन-सहन का स्तर कैसा है तो हम अक्सर ग़लत होते हैं। कभी-कभार तो बहुत ज़्यादा ग़लत होते हैं। इसलिए मेरी कोशिश रहती है कि कोई राय कायम न करूँ। मैं समझ जाता हूँ कि अक्सर जब लोग हमारे पास नकारात्मक भावनाओं के साथ आते हैं तब वास्तव में उनका हमसे या वर्तमान परिस्थिति से कोई लेना-देना नहीं होता। यह उनकी अपनी मनोदशा होती है। वह नकारात्मक भाव किसी अन्य समय किसी अन्य स्थान पर उपजा होगा लेकिन वे इसे ठीक से समझ नहीं पाए या शायद उनके पास प्रभावी तरीक़े से प्रत्युत्तर देने के साधन नहीं थे।

इसलिए संयमित होना या स्वभाव में समभाव हमें अपनी भावनात्मक अक्षमता की चरम सीमा तक जाने से रोकता है – यानी क्रोध में सुधबुध खो बैठना या ख़ुशी में दीवाना हो जाना। क्योंकि ये दोनों ही वास्तविकता को देखने की हमारी योग्यता को धुंधला कर सकती हैं। किसी भी घटना से भावनात्मक रूप से जुड़ना बहुत आसान होता है, हम नहीं समझ पाते कि ये सारी घटनाएँ क्षणिक हैं और इसी तरह उनसे जुड़ी हुई भावनाएँ भी। यह कामना करना बहुत आसान है कि जो घटनाएँ हमें ख़ुशी देती हैं वे हमेशा होती रहें लेकिन ऐसी इच्छा रखना या ऐसे परिणाम से हमारा लगाव ही सारे दुःखों का कारण होता है क्योंकि ये हमारी अपेक्षाएँ हैं।

मैं कैसे क्रोध पर काबू पाता हूँ

कोई भी रातोंरात बुद्धिमान या समझदार नहीं हो जाता। अक्सर हम जो सबक सीखते हैं वे हमारे अपने ही दर्द, दुःख-तकलीफ़ और क्रोध के कारण सीखते हैं। हमारा ध्यान हमेशा चीज़ों के नकारात्मक पहलू पर जाता है – मेरा तो

यही अनुभव रहा है। 'मैजिक शॉप' की उस महिला ने मेरी कई चीज़ों में सहायता की और उसमें से एक थी, भावनाओं से प्रभावित हुए बिना चीज़ों को और ज़्यादा स्पष्टता से देखना। मुझे लगता है कि यह एक बड़ा ही महत्वपूर्ण सबक है।

मैं मानता हूँ कि दूसरा साधन जिसने मुझे परिपक्व किया, वह है मेरा दैनिक अभ्यास। जब मैं सुबह उठता हूँ तो मैं अपने बिस्तर के किनारे बैठ कर अपनी आँखें बंद करके साँस अंदर-बाहर लेता हूँ ताकि मैं एक आरामदायक स्थिति में आ जाऊँ। उसके बाद हमारे अस्तित्व की सुंदरता के बारे में सोचता हूँ व इस संसार और उसमें अपनी उपस्थिति के बारे में विस्मय और आनंद महसूस करता हूँ। फिर मैं एक संकल्प के साथ अपने हृदय को खोलने की प्रक्रिया पर आता हूँ। मैं स्वयं के लिए करुणा से शुरू करते हुए यह समझने की कोशिश करता हूँ कि यह मेरी अपनी ही पीड़ा है जो मेरे निर्णय करने की क्षमता को बाधित कर सकती है और साथ ही दूसरों को बिना पूर्व निर्धारित राय के देख पाने की मेरी योग्यता को नष्ट कर सकती है। मैं हर एक इंसान में उनकी तकलीफ़ों के साथ उनकी गरिमा को भी पहचानने की कोशिश करता हूँ। मैं समभाव विकसित करता हूँ और अपने व्यवहार में क्षमा भाव लाने का अभ्यास करता हूँ क्योंकि क्रोध के सबसे बड़े कारणों में से एक है – अपने साथ यह नाराज़गी लेकर चलना कि किसी ने मुझे आहत किया है।

नकारात्मक भावनाएँ हमें ही बहुत ज़्यादा प्रभावित करती हैं और उस इंसान पर कोई प्रभाव नहीं डालतीं जिससे हम नाराज़ हैं। यह ऐसा है जैसे कि हम ज़हर पी रहे हैं और यह सोच रहे हैं कि यह दूसरे को नुकसान पहुँचाएगा। इसलिए क्षमा करना, कृतज्ञ होना, नैतिक गुणों का पालन करना, सत्यनिष्ठा, समझदारी, निष्पक्षता की भावना और बिना किसी दूसरे उद्देश्य के या बदले में कुछ लेने की अपेक्षा के दूसरों के प्रति दयालुता को व्यवहार में लाना – ये सभी महत्वपूर्ण हैं। पूर्ण प्रेम अपने साथ अपनेपन की भावना और संतुष्टि लाता है।

इसके बाद मैं अपने हृदय की अनुभूतियों को महसूस करते हुए सांसारिक दुनिया की दिनचर्या में आ जाता हूँ। इससे पूरे दिन के लिए अपने इरादों को पुनर्स्थापित करने में मुझे सहायता मिलती है।

मैं सोचता हूँ कि ये कुछ ऐसी चीज़ें हैं जिन्हें हम सभी कर सकते हैं। जैसे जब हम क्रोधित या परेशान हों तब एक क्षण के लिए रुक जाएँ, धीरे से साँस अंदर-बाहर लें व उस अवस्था में लौटने का प्रयास करें जहाँ हम स्वयं को केन्द्रित या अपने दिल से जुड़ा हुआ महसूस करते हैं और जहाँ हम भावनाओं के गुलाम नहीं रहते। ऐसा करने से हम एक बार फिर यह समझ जाते हैं कि ये बातें क्षणिक हैं और ज़्यादातर मामलों में महत्वहीन और निरर्थक भी।

इसका एक उदाहरण देखते हैं – एक दिन मेरा बेटा टेनिस के नए जूते पहन कर घर आया। वह घर के पीछे वाले आँगन से दौड़कर आया था और उसके जूते कीचड़ में पूरी तरह सने हुए थे। मैं उस पर बहुत नाराज़ और क्रोधित हुआ और लगभग उस पर चिल्लाने ही वाला था कि मुझे इस वास्तविकता का एहसास हुआ कि वे सिर्फ़ जूते हैं जिन्हें साफ़ किया जा सकता है और आख़िर वह एक बच्चा ही तो है। इसलिए हमें इस बात का ख़याल रहना चाहिए कि कौन सी चीज़ हमारे क्रोध को भड़काती है। उस समय मुझे कुछ बातों के कारण परेशानी थी जिन्हें मैं अपने ऑफ़िस से घर तक ले आया था। मैंने अपनी परेशानी की झल्लाहट अनजाने ही अपने बेटे पर निकाल दी थी मानो वही सारी फ़साद की जड़ था। सच्चाई यह थी कि समस्या वह नहीं बल्कि मैं स्वयं था।

स्वास्थ्य पर क्रोध के प्रभाव

हम जानते हैं कि जब हम अधिक समय तक तनाव में, अप्रसन्न या क्रोधित रहते हैं तो यह गम्भीर रूप से हमारे स्वास्थ्य पर नकारात्मक प्रभाव डालता है। उदाहरण के लिए, जब हमारे अंदर तनावजनित हार्मोन जैसे कैटिकोलामाइंस, एपिनेफ्रीन और नॉरपाइनेफ्रीन के स्राव का स्तर अत्यधिक बढ़ जाता है तब हृदय की परिवर्तनशील दर में कमी आ जाती है। यदि एक व्यक्ति जिसके हृदय-गति की दर 60 है यानी उसकी आंतरिक धड़कन की परिवर्तनशील दर न्यूनतम है – 1 सेकंड में एक धड़कन यानी वह विशेष रूप से तनावग्रस्त है। किसी तनावमुक्त व्यक्ति की आंतरिक धड़कन की परिवर्तनशील दर ज़्यादा लचीली होगी – शायद 1.1 से 0.9 सेकंड जो कि एक स्वस्थ प्रतिक्रिया है। और हम जानते हैं कि दिल की धड़कनों की घटती हुई दर ही आकस्मिक दिल के दौरे से होने वाली मृत्यु का कारण है।

हम यह भी जानते हैं कि जो लोग लंबे समय तक चिंतित, तनावग्रस्त या क्रोधित रहते हैं उनको प्रायः उच्च रक्तचाप रहता है और इसका नकारात्मक प्रभाव रक्त वाहिकाओं पर पड़ता है जिसका परिणाम अक्सर ब्रेन स्ट्रोक (मस्तिष्क का दौरा) होता है। हम जानते हैं कि जो व्यक्ति अक्सर क्रोधित रहता है और बार-बार आक्रोश में आ जाता है उसका रोग प्रतिरक्षा तंत्र (इम्यून सिस्टम) कमज़ोर हो जाता है और उसके शरीर में सूजन (व जलन) बढ़ने लगती है। यह शरीर को संवेदनशील बना देता है जिससे संक्रमण होने की सम्भावना बढ़ जाती है। लंबे समय तक सूजन व जलन और एक कमज़ोर प्रतिरक्षा प्रणाली शरीर में कई बीमारियों के साथ-साथ मधुमेह और हृदय से सम्बन्धित बीमारियों की उग्रता को बढ़ाने की सम्भावना बढ़ा देती है। इसलिए दीर्घकालीन क्रोध, चिंता और भय आदि के शरीर पर बहुत अधिक नकारात्मक प्रभाव होते हैं। अंततः इनका प्रभाव टेलोमीयर (अंतखंड) की लंबाई पर भी पड़ता है, जो हमारे क्रोमोसोम (गुणसूत्र) के रक्षात्मक सिरे होते हैं। टेलोमीयर की लंबाई में कमी आने से आयु-सम्भाविता में कमी आ जाती है।

इसलिए हमेशा नकारात्मक भावनाओं को दिल में बनाए रखना या फिर क्रोधित या आक्रोश में होना हमारे स्वास्थ्य पर नकारात्मक प्रभाव डालता है।

क्रोध को नियंत्रित करने में दूसरों की सहायता करना

हमारी प्रजाति के क्रमिक-विकास के दौरान तनावपूर्ण प्रतिक्रिया कई परिस्थितियों में काफ़ी उपयोगी सिद्ध हुई थी और निश्चित तौर पर हम इसे छोड़ना नहीं चाहते। आज भी एक प्रजाति के रूप में हम अभी तक आधुनिक समाज में लंबे समय से चले आ रहे हमारे अनुकंपी तंत्रिका तंत्र की अत्यधिक सक्रियता के बिना रहना नहीं सीख पाए हैं। हम जानते हैं कि लोगों को इस सच्चाई के प्रति जागरूक करना और अंतर्दृष्टि देना, संवेदी प्रतिक्रियाओं के प्रत्युत्तर के लिए तकनीक प्रदान करना – जैसे ध्यान, प्राणायाम और प्रतिक्रिया करने से पहले विराम लेना सीखना – उनके तनाव को कम कर सकता है।

जब हम तनावमुक्त होकर गहरी साँस लेते हैं और कुछ देर ठहर जाते हैं तो हमें समझ में आता है कि दूसरे लोगों की प्रतिक्रियाएँ उनकी अपनी मानसिक स्थिति को प्रकट कर रही हैं। आमतौर पर वे हमारे साथ कुछ ग़लत करने की

कोशिश नहीं करते हैं बल्कि वे बस उन घटनाओं पर प्रतिक्रिया करते हैं जिन्हें वे भावनात्मक बोझ के तौर पर अपने साथ लेकर चल रहे हैं। उन्होंने शायद उस बोझ को कम करना नहीं सीखा होगा। वे शायद दुःखी या त्रस्त होंगे जैसा कि मेरे सहकर्मी की परिस्थिति में घटित हुआ था जिसका मैंने पहले ज़िक्र किया है। बहुत से लोग जो दुःखी होते हैं वे अपना गुस्सा दूसरों पर निकालते हैं। यह हमारे हाथ में है कि हम उन्हें कैसे प्रत्युत्तर देते हैं। मेरे विचार से सबसे अच्छी प्रतिक्रिया होगी उनसे पूछना, "वह क्या बात है जो आपको इतनी तकलीफ़ दे रही है?"

जब हम बच्चों को रिलैक्सेशन की यह तकनीक सिखाते हैं, वे बहुत आसानी से इसे सीख लेते हैं। विभिन्न अध्ययनों से पता चलता है कि जहाँ भी इन तकनीकों को अमल में लाया गया, यहाँ तक कि किंडरगार्टन में भी, वहाँ बच्चों को दूसरे बच्चों द्वारा डराए-धमकाए जाने में कमी, अधीरता में कमी और शैक्षणिक प्रदर्शन और कक्षा में उपस्थिति बेहतर हो गई। यदि हम अपनी भावनाओं को नियंत्रित नहीं कर पाते हैं तो हम सचेत भी नहीं रह पाते हैं। कुछ भी सीखने के लिए हमें पूर्णतया वर्तमान में मौजूद रहना होगा।

प्रेम को समझना

हम प्रेम को कई तरीक़ों से समझ सकते हैं। पहला, यह वह एहसास है जो हमें तब होता है जब हम अपने किसी प्रिय व्यक्ति के साथ होते हैं और वह भी हमें उतना ही प्रेम करता है। इसमें कोई प्रतिबंध नहीं होता – हम उन्हें सब कुछ बता सकते हैं और हमारे बारे में कोई राय कायम नहीं की जाती। यह हमारे लिए आवश्यक है ताकि हम अपने व्यक्तित्व का छिपा हुआ हिस्सा भी प्रकट कर सकें। लेकिन हममें से अधिकतर लोग अपने छिपे हुए व्यक्तित्व के साथ क्या करते हैं जिसे हम नकारात्मक या घृणित समझते हैं? हम इसे नकार देते हैं और दिखावा करते हैं कि यह हमारे व्यक्तित्व का हिस्सा है ही नहीं। इससे केवल परेशानी बढ़ती है क्योंकि ऐसा करना सम्भव नहीं है। वह हमारा ही हिस्सा है। हम सभी का एक छिपा हुआ व्यक्तित्व होता है। जब हम इसे समझते हैं तो इसे अपने स्वरूप में समाहित कर लेने के बावजूद स्वयं का उतना ही ख़याल रखते हैं और स्वयं से प्रेम करते हैं, तब हम शांतचित्त हो पाते हैं।

रूमानी प्रेम में ऐसा ही होता है। एक इंसान हमारे अच्छे और बुरे सभी पहलुओं के साथ बिना किसी शर्त के हमें स्वीकार करता है क्योंकि वह हमसे अत्यधिक प्रेम करता है।

दूसरा पहलू है जिसे हम आदर्शवादी प्रेम कह सकते हैं – यह समझना कि प्रत्येक मनुष्य प्रेम का हक़दार है। और यह बहुत ही कठिन काम है। अपने बच्चों को और अपने परिवार या समाज के सदस्यों को प्रेम करना बहुत आसान है क्योंकि हम उन्हें अपने जैसा समझते हैं। लेकिन उन लोगों से प्रेम करना, जिनके विचार हमसे बहुत अलग हैं, एक चुनौतीपूर्ण कार्य है।

यही वह पहलू है जिस पर हमें काम करना है – लगातार विस्तृत होते हुए सामाजिक दायरों में प्रेम करने की क्षमता का विस्तार करना। जब हम दूसरों को अपने प्रेम के दायरे में शामिल करने की क्षमता विकसित कर लेते हैं और दूसरों को देखने की बजाए हम स्वयं के अंदर देखते हैं तो मैं समझता हूँ कि यह प्रेम का सबसे उच्च स्तर है। तब हम प्रत्येक व्यक्ति को इसमें शामिल कर लेते हैं और सभी को अपना प्रेम देते हैं जो कि मुझे पूरी आशा है कि पूर्ण प्रेम होगा। मेरा विश्वास है कि यह उत्कृष्टता की सच्चाई है क्योंकि अब कोई अलगाव नहीं बचा है।

उपचार पर प्रेम का प्रभाव

बीमार व्यक्ति जब डॉक्टर के पास जाते हैं तब वे अक्सर घबराए और डरे हुए होते हैं। वे इस दौरान किए जाने वाले स्वास्थ्य परीक्षणों के नतीजों को देखकर नाराज़ भी हो सकते हैं। इससे उनका रोग-प्रतिरक्षा तंत्र बुरी तरह प्रभावित होता है और उनके शरीर पर अन्य कई हानिकारक प्रभाव भी हो सकते हैं। कई रिसर्च से यह पता चला है कि जब आप उनकी तरफ़ हाथ बढ़ाते हैं और उन्हें अपने स्नेह का अनुभव कराते हैं, या जब आप उन्हें यह एहसास कराते हैं कि आप उनके साथ जल्दबाज़ी नहीं कर रहे हैं तब इन सबका उनके शरीर पर काफ़ी सकारात्मक प्रभाव पड़ता है। उनके हृदय की गति सामान्य होने लगती है व उनका रक्तचाप कम होने लगता है और इस प्रकार सभी सकारात्मक लक्षण (जिन्हें हम प्रेम दर्शाना या सहानुभूति दिखाना कहते हैं) प्रकट होने लगते हैं। जब आप इस तरह का वातावरण तैयार करते हैं तो उनकी अस्पताल में रहने की अवधि कम हो जाती है, उनके ज़ख्म तेज़ी

से भरने लगते हैं और बहुत ही सकारात्मक स्थिति उत्पन्न हो जाती है। एक अध्ययन के अनुसार गरीब व बेघर लोग अक्सर विभिन्न बीमारियों के कारण अस्पताल के आपात विभाग में आते रहते हैं लेकिन जब उनके साथ सामान्य दयालुता और प्रेम का व्यवहार किया गया तो उनका आपात विभाग में आना लगभग 50% तक कम हो गया।

मैं अपने सहयोगियों से कहता हूँ, "हालाँकि हम काफ़ी परिष्कृत क्षेत्र में हैं जहाँ हमारे पास पर्याप्त मात्रा में अत्यधिक उन्नत तकनीकी यंत्र हैं, फिर भी एक डॉक्टर और एक न्यूरो सर्जन के रूप में मेरी सफलता जितनी मेरे द्वारा की गई सर्जरी या इलाज पर निर्भर है उतनी ही इस बात पर निर्भर करती है कि मेरा अपने मरीज़ों के साथ बरताव कैसा है और मैं उनकी देखभाल कैसे करता हूँ।" यह वास्तविकता बार-बार मेरे सामने प्रकट हुई है। वास्तव में, लोग मेरे पास दर्द में आते हैं और उनके दर्द का उन चित्रों के अध्ययन से कुछ लेना-देना नहीं होता जिन्हें मैं देख रहा होता हूँ। यह उनके अपने मानसिक आघात व क्षति तथा उस क्रोध की अभिव्यक्ति होती है जिसे वे साथ लेकर चलते हैं। एक डॉक्टर जो दयालु होने, देखभाल करने, स्वीकार करने और आलोचनात्मक न होने के महत्व को समझता है उसका अपने मरीज़ों पर बहुत सकारात्मक प्रभाव होता है।

समभाव

कुछ मायनों में यह अक्सर दोहराई जाने वाली कहावत की तरह है, "सब कुछ समभाव में होना चाहिए।" कुछ मात्रा में तनाव होना हमारे जीवित रहने के लिए आवश्यक है। क्योंकि तनाव के बिना जीवन बिलकुल नीरस हो जाएगा। स्वयं को पहचानने के लिए हमें अपनी जीवन-यात्रा के कठिन पहलुओं की आवश्यकता होती है। साथ ही यह समझना भी ज़रूरी है कि क्रोध और प्रेम दोनों की चरम सीमा हानिकारक हो सकती है। मैं निश्चित तौर पर कह सकता हूँ कि अत्यधिक प्रेम भी उतना ही कष्ट पहुँचाता है जितना कि अत्यधिक क्रोध।

जब आप निर्भर होते हैं या आसक्त होते हैं या जब आप अभावग्रस्त होते हैं तो यह स्थिति आपकी आँखों पर पर्दा डाल सकती है जिसकी वजह से आप असलियत की सही प्रकृति को नहीं देख पाते। यह बिलकुल वैसा ही है जब

आपका गुस्सा बेकाबू हो जाता है। अपने भीतर समभाव या संतुलन बनाए रखना अत्यंत महत्वपूर्ण है इसलिए उसे अपने जीवन में समाहित करें। किसी के प्यार में गहराई तक डूबे रहने का अनुभव अद्‌भुत हो सकता है और आप उसी में डूबे रहना भी चाहते हैं लेकिन लंबे समय तक उसी भाव में रहने के कारण आप देख नहीं पाते कि वास्तव में क्या हो रहा है। जब आप लगातार यह सोचकर बेचैन रहते हैं कि कोई ऐसा हो जो आपको प्यार करे या उसे आपकी ज़रूरत हो तब भी ऐसा ही होता है। अंत में इसका परिणाम बहुत नकारात्मक हो सकता है। यह स्वीकार करना ज़रूरी है कि यह अद्‌भुत है लेकिन आपको इसमें खो नहीं जाना है।

मैं समझता हूँ कि नकारात्मक परिस्थितियों और क्रोध के साथ भी बिलकुल ऐसा ही होता है। क्रोध का एक उद्देश्य होता है – यह आपको सतर्क करता है, यह आपको सावधान करता है, यह बहुत सहायक हो सकता है। लेकिन अगर यह नियंत्रण से इतना बाहर चला जाए कि आप किसी को घायल कर दें या हत्या कर दें तो यह सहायक नहीं होता। जब आप क्रोध को शांत करने व संयमित रहने में सक्षम हो जाते हैं और इसका उपयोग किसी लाभकारी उद्देश्य के लिए करते हैं तो यह चीज़ों को स्पष्टता से देखने में आपकी मदद करता है। आप समझ जाते हैं कि क्रोध आपको आत्म-जागरूकता का एक गहन दृष्टिकोण प्रदान कर सकता है जो एक अनुभव के रूप में हमें कुछ सिखा जाता है। इसमें दोनों ही नज़रियों, यानी वर्तमान में बने रहने और बिना शर्त प्रेम करने, को समाविष्ट करने की मनोदशा होती है जिससे यह संपूर्ण अनुभव असाधारण बन जाता है। क्रोध, दर्द और दुःख आपको आश्चर्यजनक अंतर्दृष्टि दे सकते हैं।

नकारात्मक परिस्थितियाँ हमें सकारात्मक परिस्थितियों की तुलना में ज़्यादा सिखा जाती हैं क्योंकि प्रेम में आप आनंद में डूबे हुए होते हैं और आप दूसरी चीज़ों पर ध्यान नहीं देते। तकलीफ़ या क्रोध आपको झकझोर देता है और आप अंतर्ज्ञान प्राप्त करते हैं। प्रत्येक अनुभव के नकारात्मक पहलुओं के बारे में सचेत रहना, उन्हें समान मनोदशा के साथ देख पाना, भावनाओं की सीमा न लाँघना, आपको केन्द्रित रखेगा और यह आपको सच्चे अर्थों में ख़ुश रखेगा।

स्वीकार करने का महत्व

आध्यात्मिक-धार्मिक और वैज्ञानिक दोनों ही दृष्टिकोणों से हमें लोगों को वैसे ही स्वीकार करना चाहिए जैसे वे हैं। इससे मेरा क्या कहने का मतलब है? चाहे आप मास्लो के पदानुक्रमित आवश्यकताओं के सिद्धांत का प्रयोग करें या अनेक जीवन जीकर कर्म फल का संदर्भ लें, वास्तविकता यह है कि कुछ लोग हैं जो इस जीवन के दौरान अपनी प्रतिभा और क्षमता की पूर्ति करने के लिए तैयार नहीं हैं; क्योंकि अभी ऐसा करने का उनका समय नहीं आया है। यहाँ तक कि शायद वे लोग जो घर, सुरक्षा और भोजन जैसी मौलिक ज़रूरतों को पूरा करने के स्तर से आगे जाकर एक सुदृढ़ सामाजिक स्थिति प्राप्त कर चुके हैं वे भी अभी तक अपनी प्रतिभा और क्षमता की पूर्ति करने के लिए तैयार नहीं हैं। हमें इस स्थिति को ऐसे ही स्वीकार करना और प्रत्युत्तर देना सीखना होगा। मेरा मानना है कि बहुत ही कम प्रतिशत लोग ऐसे हैं जिन्हें जीवन के उच्चतर अर्थ को समझने की तड़प है और जो यह समझते हैं कि हमारा अस्तित्व अस्थायी है। वे यह भी समझते हैं कि प्रसन्नता स्वयं में डूबे रहने से या संकीर्णतावादी खोज करने से नहीं मिलती बल्कि दूसरों की सेवा करने से मिलती है।

जब हम इस संसार में इस तरीक़े से रहने के लिए प्रतिबद्ध होते हैं और दुनिया को इस नज़रिए से देखने लगते हैं तब हम किसी अन्य आयाम में पहुँच जाते हैं। यहाँ हम यह सीखते हैं कि जब हम दूसरों की सेवा करते हैं तो इस संसार में आने का हमारा उद्देश्य अंततः पूर्ण हो जाता है। इस बात के लिए हमें अपना सर्वश्रेष्ठ स्वरूप बनना होगा और अपने संपूर्ण सामर्थ्य तक पहुँचना होगा।

जेम्स के सुझाव

क्रोध अनुकंपी तंत्रिका तंत्र की प्रतिक्रिया से जुड़ा है जिसे 'लड़ो या भागो' प्रतिक्रिया भी कहा जाता है। यह हमें ख़तरों से सावधान करता है और उनसे बचने में हमारी सहायता करता है। यह तब समस्या बनता है जब यह नियंत्रण के बाहर हो जाए और दूसरी भावनाओं से प्रभावित हो जाए। अपने अंदर स्पष्टता को विकसित करें ताकि आपकी आंतरिक स्थिति भावनाओं से प्रभावित न हो सके। जब आप क्रोधित होते हैं तब आप चीज़ों के वास्तविक रूप को नहीं देख पाते।

स्वयं का अवलोकन करें। क्रोध आपकी बातचीत, आपके चेहरे की भाव-भंगिमाओं, शारीरिक मुद्राओं आदि में ज़ाहिर होता है, तब भी जब आप इसे छिपाने की कोशिश करते हैं।

घटनाएँ केवल घटनाएँ होती हैं। यह आपकी अपनी मानसिक स्थिति है और मानसिक रचना है जो दुःख का कारण बनती है। प्रसन्नता भी आपकी आंतरिक स्थिति की अभिव्यक्ति ही होती है।

अभ्यास -

* धीमी साँस लें और रिलैक्स होकर स्वयं को केन्द्रित करें।
* जीवन के अद्भुत सौंदर्य और आनंद की सराहना करें।
* अपने हृदय को खोलें और स्वयं के प्रति सहानुभूति विकसित कर सभी प्राणियों की तकलीफ़ और गरिमा को महसूस करें।
* समभाव विकसित करें और क्षमा करने का अभ्यास करें।
* किसी से कुछ भी प्राप्त करने की अपेक्षा न रखें।
* जब दूसरे लोग क्रोधित हों तो उनसे पूछें, "क्या बात है जो आपको तकलीफ़ दे रही है?"

क्रोध को वश में करना सीखें

पीर ज़िया इनायत-खान

पीर ज़िया इनायत-खान के बारे में

पीर ज़िया अपने दादा हज़रत इनायत-खान की सूफ़ी वंशावली के उत्तराधिकारी हैं। उन्होंने ड्यूक यूनिवर्सिटी से धर्मशास्त्र पर PhD हासिल की। उनकी किताबों में 'सारासन शिवलरी – कॉउन्सिल्स ऑन वैलर', 'जेनेरॉसिटी एंड द मिस्टिकल क्वेस्ट', 'मिंगल्ड वाटर्स – सूफ़िस्म एंड द मिस्टिकल यूनिटी ऑफ़ रिलीजंस' और 'ड्रीम फ्लावर्स – द कलेक्टेड वर्क्स ऑफ़ नूर इनायत-खान' आदि हैं। वे 'इनायतिया' के अध्यक्ष हैं और 'सुलूक अकाडेमी' के संस्थापक हैं। वर्तमान में वे वर्जीनिया, रिचमंड में रह रहे हैं। वे और उनका परिवार अमेरिका और फ़्राँस दोनों ही देशों में निवास करते हैं।

एक सूफ़ी परिप्रेक्ष्य

एक बार युद्ध भूमि में हज़रत अली अपने शत्रु पर लगभग विजय प्राप्त कर चुके थे और उस पर तलवार से अंतिम प्रहार करने ही वाले थे। ऐसे निर्णायक क्षण में उस दुश्मन सिपाही ने अचानक उनके मुख पर थूक दिया। उसी वक़्त हज़रत अली ने अपना हाथ रोक लिया, अपनी तलवार ज़मीन पर फेंक दी और उस सिपाही को छोड़ कर वहाँ से जाने लगे। उनके इस व्यवहार से वह सिपाही चकित रह गया। उसने हज़रत अली का पीछा किया और उनसे इस व्यवहार का कारण स्पष्ट करने का निवेदन किया। हज़रत अली ने उत्तर दिया, "मैं ईश्वर का शेर हूँ न कि कामनाओं का ... मैं कोई साधारण तिनका नहीं हूँ। मैं कोमलता, धैर्य और न्याय में दृढ़ता से स्थित हूँ।"

यह कहानी मौलाना रूमी ने अपनी रचना 'मसनवी' में कही है जो इस बात का प्रमाण है कि क्रोध पर विजय प्राप्त कर लेने के बाद मनुष्य को कैसी शांति और गरिमा प्राप्त होती है। क्रोध मानव जीवन का अंतर्निहित अंग है लेकिन इसके अधीन हो जाने का मतलब है अपने जुनून का दास बन जाना। जो इंसान क्रोध पर नियंत्रण प्राप्त कर लेता है वह स्वामी है लेकिन जो क्रोध से परे होकर उससे ऊपर उठ जाए वही संत है।

क्रोध कुंठित इच्छाओं का परिणाम है। सभी जीव अपनी ज़रूरतों की पूर्ति के लिए प्रयत्न करते हैं और जब इसमें बाधा आती है तो प्रायः इसका परिणाम क्रोध होता है। जिनकी अपेक्षाएँ कम होती हैं वे क्रोध के अधीन कम ही होते हैं जबकि जिनकी अपेक्षाएँ बहुत अधिक होती हैं उनके क्रोधित होने की सम्भावना भी अधिक होती है। अगर हज़रत अली में धैर्य और करुणा की तुलना में सम्मानजनक व्यवहार पाने की अपेक्षा अधिक होती तो उन्होंने कभी अपनी तलवार नीचे नहीं फेंकी होती। लेकिन वे भलमनसाहत में दृढ़ता से स्थित थे इसीलिए उनका नाम आज भी सम्मान से लिया जाता है। उनका सम्मान इस बात के लिए किया जाता है कि उन्होंने सम्मान पाने की अपेक्षा नहीं की।

दैनिक जीवन में क्रोध पर काबू पाने के अभ्यास

इमाम गज़ाली ने क्रोध पर काबू पाने के लिए कई उपाय बताए हैं –

जब भी आप क्रोधित हों तो थोड़ा रुकें और उस नुकसान के बारे में सोचें जो इस क्रोध के कारण आपको हो सकता है। इसके पहले जब आपने क्रोधित होकर कोई काम किया था उस समय के बारे में सोचें। क्या उसका कोई अच्छा परिणाम निकला था? क्रोध के आवेग में लिए गए निर्णय का दुष्परिणाम जीवन भर भुगतना पड़ सकता है। वास्तव में हमारे कई निर्णयों का परिणाम हमारे जीवनकाल के बाद भी बना रहता है।

इसलिए यह सोचिए कि जो भी हो रहा है वह सब दिव्य आदेश से है चाहे वह आपकी पसंद का न हो। जो होना था वह हो चुका है; भाग्य को दोष देने से अब कोई फ़ायदा नहीं है। हर चीज़ में बदलाव सम्भव है और हो सकता है कि होने वाली घटनाओं में बदलाव लाना ही आपके भाग्य में लिखा हो। लेकिन याद रखें कि क्रोध और बदलाव लाने की शक्ति दो अलग-अलग चीज़ें हैं।

जब आप गुस्से में हो तब थोड़ा रुककर आइने में अपने चेहरे के भाव देखने की कोशिश करें। सोचिए, क्या आप संसार को अपना यही चेहरा दिखाना चाहते हैं, किसी नकचढ़े राक्षस की तरह विकृत चेहरा?

अगर आप खड़े हों तो बैठ जाएँ। अगर बैठे हों तो ज़मीन पर करवट लेकर लेट जाएँ। पृथ्वी विनम्र और धैर्यवान होती है और इससे निकटता हममें भी एक सूक्ष्म परासरण द्वारा ऐसे ही गुण जगा देती है। अगर पृथ्वी से निकटता आपको शांत न कर पाए तो इमाम गज़ाली ठंडे पानी के उपयोग की सलाह देते हैं। जब हज़रत उमर क्रोधित होते थे, तो वे अंजुली में ठंडा पानी लेकर नाक से साँस के साथ उसे अंदर खींचा करते थे ताकि उनका गुस्सा ठंडा हो जाए।

क्रोध आग की तरह फैलता है। एक पल आप शांत बैठे हो सकते हैं और अगले ही पल कोई गुस्से से तिलमिलाता हुआ आपके पास आता है व आपके क्रोध को भी उकसा देता है। उसके प्रभाव से अब आप भी गुस्से से भड़क

रहे होते हैं। ऐसा क्यों होता है? किसी और के क्रोध के कारण आप क्यों क्रोधित हो उठते हैं? आप किसी दूसरे की दशा को नियंत्रित नहीं कर सकते लेकिन आपकी हालत तो आपकी अपनी है। इसे क्रोध की भेंट चढ़ा देना है या नहीं यह आपका अपना चयन है हालाँकि क्रोध प्रायः अचेतन रूप से हमला करके हम पर हावी हो जाता है।

शरीर और मन साँसों की धारा की सहायता से परस्पर जुड़े हुए हैं। जब हम धीरे-धीरे और लयबद्ध तरीक़े से साँस लेते हैं तब शरीर और मन में स्वाभाविक रूप से शांति आती है। जब हमारी साँसें लय में नहीं होती तब हमारे शब्द और कार्य भ्रमित हो जाते हैं। इसलिए अपनी साँसों की स्वाभाविक दशा के प्रति जागरूक रहना ज़रूरी है।

जब आपकी साँसों की लय बिगड़ जाती है तो आपको तत्काल इसका पता चल जाता है। ऐसे में आप अपने कार्य को तब तक स्थगित कर दें जब तक कि वह पुनः अपनी स्वाभाविक लय प्राप्त न कर ले। सय्यद अबू हाशिम मदनी कहते हैं, "लोगों का कहना है कि कई तरह के पाप और पुण्य होते हैं लेकिन मैं कहता हूँ कि पाप एक ही है और वह है एक भी साँस ईश्वर की याद के प्रति सचेत रहे बिना लेना।"

क्रोध एक संकेत है कि किसी चीज़ पर ध्यान देने की ज़रूरत है। ऐसे अवसर पर भावना के प्रवाह में बह जाने से हम उसके कारण पर चिंतन और मनन करने का अवसर खो देते हैं। अगर आप अपनी स्पष्ट जागरूक अवस्था में अपने हृदय को भी सम्मिलित कर सकें तो अद्भुत सम्भावनाओं के मार्ग खुल सकते हैं।

एक मननशील अभ्यास
हृदय के चार आयाम

हज़रत इनायत-खान बताते हैं कि विवेकपूर्ण हृदय के चार पहलू हैं – प्रत्यक्ष ज्ञान, समझ, करुणा और आदर्श। प्रत्यक्ष ज्ञान उसकी लंबाई होती है, समझ उसकी गहराई, करुणा चौड़ाई होती है और आदर्श उसकी ऊँचाई होती है। जब ये सभी आयाम जाग्रत हो जाते हैं तब दृश्य स्पष्ट हो जाता है।

मनन करने से ये चारों आयाम एक-एक करके हमारे सामने खुलते जाते हैं और सक्रिय हो जाते हैं -

जब क्रोध भड़क उठता है तब पहला कदम है कि आप अपने क्रोध पर ग़ौर करें। फिर क्रोध से किसी को आहत करने की बजाए अपनी साँसों को संतुलित करने का प्रयास करें। जब साँसें लयबद्ध हो जाती हैं तब आप मनन शुरू कर सकते हैं।

मनन की शुरुआत आपके समक्ष मौजूद परिस्थिति का जायज़ा लेने से होती है। देखें कि आपके क्रोध के पीछे आधारभूत तथ्य क्या हैं? चीज़ों को ठीक उसी स्वरूप में देखने की कोशिश करें जैसी वे वास्तव में हैं। इसमें आशा या भय पर आधारित कल्पनाएँ न जुड़ने दें। यही प्रत्यक्ष ज्ञान है।

फिर, परिस्थिति के लिए समझ पैदा करें और उसके मूल में जाकर चिंतन करें। सोचें कि वे कौन से कारण हैं जिनकी वजह से यह परिस्थिति उत्पन्न हुई? इस पर मनन करने से आपको पता चलेगा कि जो कुछ इस वक़्त हो रहा है उसकी पृष्ठभूमि आपके मनस में काफ़ी पहले से बन रही थी।

इसके बाद करुणा की ओर बढ़ें। देखें कि सभी लोग किस तरह संघर्ष करते हैं और कष्ट भोगते हैं। किसी की भी पीड़ा दूसरे से अलग नहीं है।

अंततः, आदर्श स्थिति की कल्पना करें। इस परिस्थिति में सम्भव हो सकने वाले सर्वश्रेष्ठ उपाय का विचार करें – और यह उपाय न सिर्फ़ आपके लिए सर्वश्रेष्ठ हो बल्कि सभी लोगों के लिए सर्वश्रेष्ठ हो। इस लक्ष्य को अपने सामने रखते हुए क्रोध के भार से मुक्त होकर आप इस लक्ष्य की पूर्ति के लिए काम कर सकते हैं।

पीर ज़िया के सुझाव

भलमनसाहत, धैर्य और न्याय में दृढ़ता से स्थित रहें।

क्रोध कुंठित इच्छाओं का सूचक है। अगर आप क्रोध को नियंत्रित रखना चाहते हैं तो इच्छाएँ कम करें।

जब आप क्रोधित हों तो उस नुकसान पर ग़ौर करें जो इससे हो सकता है और यह सोचें कि हर चीज़ ईश्वर की ओर से आ रही है। अगर आप खड़े हैं तो बैठ जाएँ, बैठें हो तो ज़मीन पर करवट लेकर लेट जाएँ ताकि ज़मीन से निकटता आपको शांत कर दे। अगर इससे काम न चले तो ठंडे पानी का उपयोग करें।

अभ्यास –

* प्रत्यक्ष ज्ञान – अपने क्रोध पर ग़ौर करें। धीमे-धीमे और लयबद्ध तरीक़े से साँस लेते हुए उसे फिर से संतुलित करें। जब तक आपकी साँस सामान्य न हो जाए कोई काम न करें।
* मनन – स्थिति का जायज़ा लें। यह जानने का प्रयास करें कि तथ्य क्या हैं।
* समझ – इस स्थिति के निहित कारण क्या हैं? अपने हृदय को एक स्पष्ट जागरूकता की दशा में ले आएँ ताकि आप क्रोध के कारण पर मनन कर सकें।
* करुणा – करुणामय बनें। अन्य लोगों के संघर्ष और दुःख-दर्द को स्वीकार करें।
* आदर्श स्थिति – यह सोचें कि सभी के लिए क्या अच्छा होगा। इस पर कार्य करें और स्थिति का समाधान करें।

अपने ज़ख़्मों को पहचानना और प्रेम की ताक़त के प्रति जागृत होना

लेवेलन वॉन-ली

लेवेलन वॉन-ली के बारे में

लेवेलन वॉन-ली ने PhD कर रखी है और वे एक सूफ़ी गुरु व लेखक हैं। उनका जन्म सन् 1953 में लंदन में हुआ था। उन्होंने उन्नीस साल की उम्र से नक्शबंदी सूफ़ी पंथ को अपना लिया था। उन्होंने कई श्रृंखला-बद्ध किताबें लिखी हैं जिनमें उन्होंने सूफ़ी पथ पर आने वाले विभिन्न आध्यात्मिक चरणों व मानसिक रूपांतरणों की विस्तृत जानकारी दी है। इन किताबों में आध्यात्मिक यात्रा में आंतरिक मार्गदर्शन के रूप में स्वप्नों के उपयोग पर विशेष ध्यान दिया गया है। वर्ष 2000 से उनके लेखन और शिक्षण का केन्द्र एकत्व के प्रति विश्व चेतना को जागृत करना, आध्यात्मिक वातावरण तथा वर्तमान पारिस्थितिकीय संकट के प्रति हमारी आध्यात्मिक प्रतिक्रिया रहा है। (देखें 'स्पिरिच्युअल इकोलॉज़ी – द क्राई ऑफ़ द अर्थ') उन पर 'ग्लोबल स्पिरिट' नामक टीवी श्रृंखला में तथा ओपरा विन्फ़्रे के 'सुपरसोल' की रविवारीय श्रृंखला में कार्यक्रम प्रस्तुत किए गए हैं। उनकी नवीनतम किताब है 'सीज़न्स ऑफ़ द सेक्रिड – रिकनेक्टिंग टू द विज़्डम विदिन नेचर एंड द सोल।'

मेरी कहानी

मैंने क्रोध के बारे में बहुत छोटी उम्र में ही जान लिया था। लेकिन प्रेम को मैं काफ़ी समय बाद जान पाया। मेरी माँ अत्यंत क्रोधी स्वभाव की थीं। उनका क्रोध किसी चाकू की तेज़ धार की तरह भावनारहित और चुभने वाला था। क्रोध ने उनके पारिवारिक सम्बन्धों को ख़त्म कर दिया और जब मैं चौदह साल का हुआ, हमारा परिवार उनके क्रोध से टूट चुका था। कई अन्य बच्चों की तरह मैं क्रोध और इसकी क्रूरता को अच्छी तरह से समझने लगा था जो न सिर्फ़ क्रोध से आहत इंसान को बल्कि मेरी माँ को भी बहुत कष्ट देता था। हमारे परिवार के टूट जाने के बाद मैं उन्हीं के साथ रहता था। मैंने उनके क्रोध के साथ जीना सीख लिया था साथ ही उसे टालना और उससे बचाव करना भी।

हमारी पीढ़ी अपने माता-पिता से ज़्यादा बात नहीं कर सकती थी इसलिए मैं जान नहीं पाया कि उनके क्रोध की शुरुआत किस तरह से हुई, लेकिन मुझे ऐसा लगता था कि यह उनके बचपन के किसी दुःखद अनुभव से सम्बन्धित था। जैसा कई लोगों के साथ होता है, उनका क्रोध भी उनके हृदय की गहराइयों में कहीं छिपे हुए किसी ज़ख्म से उन्हें सुरक्षा देता था। मैंने यह भी जाना कि उन्हें कभी प्रेम मिला ही नहीं, वे इस एहसास को जान ही नहीं पाईं। मुझे याद नहीं पड़ता कि मेरे बचपन में उन्होंने कभी, “मैं तुम्हें प्यार करती हूँ” ऐसा कहा हो। मेरे शुरुआती जीवन के उन दुःखद दिनों में मानो प्रेम का अस्तित्व था ही नहीं।

आगे चलकर जीवन में मुझे प्रेम की रंगत और इसकी हार्दिकता, गर्मजोशी और स्नेह का प्रथम अनुभव हुआ। मैं 19 वर्ष का था जब मैं अपनी गुरु के संपर्क में आया जो अधेड़ उम्र की रूसी महिला थीं और कुछ ही समय पहले भारत से आई थीं जहाँ उन्होंने एक सूफ़ी संत से प्रशिक्षण प्राप्त किया था।[15]

---

[15] रूसी महिला जो मेरी अध्यापिका थीं उनका नाम इरिना ट्वीडी था। उन्होंने अपनी आध्यात्मिक साधना के बारे में अपनी पुस्तक ‘डॉटर ऑफ़ फायर, डायरी ऑफ़ अ स्पिरिचुअल ट्रेनिंग विथ अ सूफ़ी मास्टर।’ श्री राधा मोहन लाल उनके गुरु थे जिन्हें वे भाई साहब कहती थीं।

उत्तरी लंदन में रेल की पटरियों के नज़दीक बने उनके छोटे से कमरे में आते ही मुझे प्रेम का एहसास होता था। वह प्रेम व्यक्तिगत नहीं था, न ही वह मातृवत् स्नेह था जो मैंने कभी पाया ही नहीं और उसमें दो प्यार करने वालों का परस्पर प्रेम से भरा स्पर्श भी नहीं था। लेकिन उसमें एक पवित्र, सरल, असीम और सहज शक्ति थी जो मेरे अहं, मेरी अस्मिता के सभी पहलुओं से होकर मेरे आत्म सुरक्षा तंत्र को भेद कर भीतर तक उतर जाती थी। प्रेम का वह प्रथम अनुभव मुझे दिव्य उपस्थिति, दिव्य मदिरा की मिठास के रूप में हुआ जो जिस भी चीज़ को स्पर्श करती, अपनी गिरफ़्त में ले लेती थी। उससे मेरे शरीर की हर कोशिका सहज ही आनंद और विस्मय से जीवंत हो उठती थी। वह सहज था। वह एक दिव्य उपहार था।

मुझे याद है एक बार जब मैं ध्यान करने के बाद घर आया और अपनी माँ से बोला, "माँ वहाँ इतना ज़्यादा प्रेम था," तो मेरी माँ ने क्रोधित होकर कहा प्रेम बहुत कठिन चीज़ है और इसके लिए बहुत प्रयास करना पड़ता है। लेकिन जिस प्रेम को मैंने जाना वह ऐसा बिलकुल नहीं था। वह तो एक उपहार की तरह था। बहुत सालों बाद मुझे समझ में आया कि प्रेम एक दिव्य भाव है और यह सभी के जीवन का आधार और सृष्टि का मौलिक गीत है। उस समय मैं इतना ही समझता था कि वहाँ प्रेम मौजूद है, अयाचित और अनपेक्षित। धीरे-धीरे इस प्रेम ने, इस दिव्य मदिरा के घूँट ने मुझ पर जादू कर दिया। मैं उस ईश्वर की ओर खिंचता चला गया और जिसे सूफ़ी परम्परा में 'प्रियतम'[16] कहते हैं।

प्रेम अलग-अलग तरह से हमारा ध्यान खींचता है। अक्सर लोग प्रेम को मानवीय सम्बन्धों की मर्यादा में खोजते हैं जबकि आध्यात्मिक व्यक्ति सतह के भीतर प्रेम की गहनता में प्रवेश करते हैं – रूमी के शब्दों में, "अपने स्वयं के अस्तित्व के मूल के भी मूल की ओर लौटना।" यहाँ हमें जीवन के महानतम रहस्य मालूम पड़ते हैं – जो कुछ अस्तित्व में है उसके मूल में प्रेम है। यह अस्तित्व में मौजूद सारी चीज़ों का मूल है।

16 सूफ़ी परंपरा के अनुसार ईश्वर के साथ हमारा रिश्ता किसी प्रेमी और उसके प्रियतम के जैसा होता है। सूफ़ी साधक प्रेम के रहस्यमय मार्ग से दर्द और तड़प के माध्यम से यात्रा करते हैं। ईश्वर से अलगाव का दर्द और प्रियतम जो हृदय में ही स्थित है उससे मिलन की तड़प और बेचैनी।

प्रेम लोगों के बीच पाई जाने वाली सामान्य अनुभूति भर नहीं है बल्कि यह तो एक ऊर्जा है, एक दिव्य चिंगारी है जो हर चीज़ में विद्यमान है। यही वह गहनतम सारतत्त्व – प्रेम का सत्त्व है – जिससे हम पोषित होते हैं। अपनी गुरु के चरणों में बैठकर अपने हृदय पर ध्यान के माध्यम से[17] यही मेरे भीतर जागृत हुआ।

प्रेम हर चीज़ से प्रवाहित होता है

प्रेम हमारे शरीर और आत्मा से संवाद करता है। प्रेम में सभी संवेदनाएँ – स्वाद, स्पर्श, घ्राण, दृष्टि और ध्वनि शामिल हैं। अपने स्वभाववश प्रेम सभी चीज़ों को समाहित करता है। क्योंकि यह सब जगह है इसलिए इसे किसी भी चीज़ में पाया जा सकता है। आध्यात्मिक व्यक्ति यह सामान्य सत्य उजागर करते हैं – वास्तव में प्रेम हर चीज़ के माध्यम से प्रवाहित होता है – यह मधुर, कोमल, दर्द देने वाला होने के साथ ज्ञात और अज्ञात भी है, साथ ही इसमें आवेग भी है। यह मौलिक ऊर्जा है और यह महान शक्ति हमारे हृदय के भीतर हमारी आत्मा में जागृत होती है। यह हमें अपने स्वयं के अज्ञात एकत्व के रहस्यपूर्ण संसार में ले जाती है जिसे सूफ़ी परंपरा में अस्तित्व की एकता कहते हैं।

मेरी माँ ने अपना संपूर्ण जीवन क्रोध की पीड़ा में बिता दिया और वे इस प्रेम से बिलकुल अनजान थीं। अपने स्वयं के दर्द से आहत होने के कारण वे हमेशा दूसरों से क्रोधित रहती थीं और हम सबके भीतर व चारों ओर उपस्थित इस गहन एकात्मता से अनजान थीं। क्रोध तर्कसंगत भी हो सकता है और कभी-कभार यह अचानक किसी बाह्य घटना या आरोप से भड़क उठता है। लेकिन यह शायद ही कभी किसी समस्या का समाधान होता है। यह हमें सबसे दूर कर देता है जबकि प्रेम की प्रकृति समग्रता और राहत देने वाली होती है। प्रेम हममें से हरेक से कहता है कि हम सब उस जीवन रूपी इकाई का अंश हैं, इस विशाल समुदाय का हिस्सा हैं जो प्रत्यक्ष या अप्रत्यक्ष रूप

[17] देखें "The Sufi Meditation of the Heart" लेवेलन वॉन-ली, (https://goldensufi.org/articles_interviews.html)

से एक-दूसरे से जुड़ा हुआ है। एक प्रेमी को यह याद दिलाता है कि हम सब अपने प्रियतम (ईश्वर) से सम्बन्धित हैं।

अचेतन के साथ कार्य करना

पूर्णता की ओर इस यात्रा में चेतना की सतह के नीचे जाना महत्वपूर्ण होता है ताकि हम अपने ज़ख्मों और दर्द को पहचान सकें। कार्ल युंग ने समझदारीपूर्वक कहा है, "प्रकाश की आकृतियों की कल्पना करने से कोई प्रबुद्ध नहीं हो सकता बल्कि इसके लिए भीतर के अंधकार के प्रति सचेत होना पड़ता है। इसकी प्रक्रिया लोगों को स्वीकार्य नहीं लगती इसलिए यह प्रचलित नहीं है।"[18] इस आंतरिक कार्य के लिए हमें पहले अपने क्रोध के प्रायः अस्वीकृत मूल और अन्य नकारात्मक अनुभूतियों का सामना करना पड़ेगा। फिर उन्हें स्वीकार करते हुए रूपांतरित करना पड़ेगा ताकि हम उनकी क़ैद से आज़ाद हो सकें और उस अंधकार रूपी नकारात्मकता को दूसरों तक न पहुँचाएँ।[19] सूफ़ी इसे "हृदय के दर्पण को चमकाना" कहते हैं ताकि हृदय में प्रेम का प्रकाश तीव्रता से चमक सके और हम स्पष्टता से देख सकें।

जिस सूफ़ी परंपरा का मैं अनुयायी[20] रहा हूँ, उसमें क्रोध पर काम करने के दो तरीक़े हैं। पहले तरीक़े में मनोवैज्ञानिक कार्य करने की आवश्यकता होती है जिसमें मनस की गहराइयों में छाए अंधकार के तल तक उतर कर वहाँ चेतना के प्रकाश, प्रेम की ताक़त और स्वीकार्यता की सहायता से क्रोध या दर्द को रूपांतरित किया जाता है। यह एक प्राचीन कीमियागरी है जिसमें सीसे यानी हमारे मनस की मौलिक ऊर्जा को स्वर्ण यानी हमारी वास्तविक प्रकृति में परिवर्तित कर दिया जाता है।

[18] युंग C., 1968. द फिलोसॉफिकल ट्री। कलेक्टेड वर्क्स 13 : अल्केमिकल स्टडीज़, p.335. रूटलेज, UK.

[19] 'छाया' के रूपांतरण को बहुत ही सरल शब्दों में व्यक्त किया जा सकता है कि "मैं तलाशता और तलाशता ही रहा, व मैं देखता और देखता ही रहा फिर जाना कि जिसे 'तुम' समझा वह 'मैं और मैं' ही था।"

[20] मैं नक़्शबंदी सूफ़ी परंपरा का अनुयायी हूँ, जिसमें एक मनोवैज्ञानिक तत्त्व सदा से शामिल रहा है। हमें 'मौन सूफ़ी' कहा जाता है क्योंकि हम आंतरिक रूप से साँसों के साथ ईश्वर के नाम का जाप करते हैं।

दूसरी विधि में 'धिक्र (ज़िक्र) या मंत्र' का उपयोग किया जाता है, इसमें साँसों की लय के साथ ईश्वर के नाम का आंतरिक रूप से जप किया जाता है। धिक्र रूपांतरण का एक शक्तिशाली साधन है। यह हमारे अचेतन में काम करके मनस की संरचना और मानसिक ऊर्जा दोनों का ही रूपांतरण करता है। धिक्र एक ऐसी ध्वनि, शब्द और संकेत है जिसका सम्बन्ध उद्गम से है और यह मार्ग से चुंबकीय रूप से जुड़ा है और मनस की ऊर्जा के रूपांतरण का काम करता है। धिक्र में अचेतन की ऊर्जा को जागृत करने, एकत्रित करने और इसका रूपांतरण करने की क्षमता होती है। यह हमारी मनोवैज्ञानिक बाधाओं को सुलझा कर हमें उन चीज़ों से मुक्त करता है जिनसे हम चेतन और अचेतन रूप से बंधे हुए हैं। उत्तरी लंदन की सड़कों पर घूमते हुए मैंने कई समस्याओं का समाधान आंतरिक एकाग्रता से ईश्वर के स्मरण और उसके नाम के मौन जप की सहायता से पाया है। मेरे क़दमों की ताल, मेरी साँसों की लय और दिव्य नाम के जप में मेरी तड़प का प्रकाश, ये सब इस शुद्धीकरण की प्रक्रिया में यानी हृदय को प्रकाशित करने के इस पुरातन कार्य में शामिल थे।

अब मेरे अपने मार्ग का भी विस्तार हुआ है और इसमें प्रेम भी शामिल हो गया है। आनंद और खुलेपन ने दर्द और सुरक्षात्मकता का स्थान ले लिया है। आज हमारा यह संसार धार्मिक, नस्लीय या सामाजिक मान्यताओं पर आधारित अलगाव की भावना के कारण कई टुकड़ों में बँट गया है – और यह अलगाव की भावना क्रोध के सभी रूपों में दिखाई देती है। हमारे क्रोध का निशाना बनने के लिए हमेशा कोई 'दूसरा' इंसान उपलब्ध होता है। बहुत से पक्ष अपनी मान्यताएँ और झूठी ख़बरें सोशल मीडिया पर फैला रहे हैं। हम 'अपने' और 'उनके' बीच की द्वंद्वात्मक उलझनों में फँसे हुए हैं। क्रोध और इसके अनेक रूप हमारे संसार को खंड-खंड कर रहे हैं।

प्रेम एकता की भाषा है

मैं अक्सर यह सोचता हूँ कि क्या क्रोध का यह शोर हमारी सामाजिक व्यवस्था के धोखे के अव्यक्त दर्द और भौतिकतावादी झूठे वादों को छिपाने के लिए है जिसका मानना है कि साज़ो-सामान ही हमें ख़ुश कर सकते हैं। क्या इस क्रोध के पीछे हमारी सामूहिक आत्मा की गहन व्यथा भी छिपी है, जो इसलिए है कि हमने नदियों, जंगलों, हवाओं और सितारों से "अपना

संवाद ख़त्म कर दिया है"[21] जिस संवाद से हमें अपनी वास्तविक सम्बद्धता का और परस्पर सहजीविता का बोध होता है। हमने सृष्टि की पवित्र प्रकृति से, इसके रहस्यों से, और चमत्कारों से अपना संपर्क खो दिया है जिसके कारण हम स्वयं को आहत और खोया हुआ महसूस करते हैं। इन भावनाओं के चारों ओर वर्तमान का भ्रष्टाचार, लालच व ताक़त की पिपासा और शोषण हैं। यह अलगाव, निराशा और सहयोग करने की बजाए दूसरों पर हावी होने की कहानी है।

फिर भी, चाहे क्रोध की आवाज़ कितनी ही तीव्र हो, प्रेम हमारे हृदय की गहनता से उठने वाली पुकार है। प्रेम की कहानी हमेशा एकात्मकता की होती है जो जीवन की अनेकता में एकता के रूप में प्रकट होकर परस्पर निर्भरता और सहजीविता की व्यवस्था में अभिव्यक्त होती है। हम जानते हैं कि किस तरह ये भाव जीवन के पारितान्त्रिक आधार का निर्माण करते हैं। गत शताब्दियों में हम डार्विन के सिद्धांत पर केन्द्रित थे जो जीवन के लिए संघर्ष और फिर उस परिप्रेक्ष्य में प्रतिस्पर्धा से सम्बन्धित था। बेशक जीवन में आक्रामकता, प्रधानता और प्रतिस्पर्धा की सभी ताक़तें शामिल होती हैं। लेकिन हाल ही के वर्षों में हमारी समझ का झुकाव बदला है और अब हम "जीव जगत को सभी जीवों में परस्पर सहयोग और सहजीवन आधारित उपक्रम" के रूप में देखते हैं।"[22] वन परस्पर संघर्ष और प्रकाश व पोषण के लिए प्रतिस्पर्धा करने वाले किसी एक ही प्रजाति के पौधों से निर्मित नहीं होते। इसके विपरीत ये तो एक सजीव संरचना की तरह होते हैं जो ज़मीन के अंदर स्थित फफूंद के जाल के माध्यम से सहयोगात्मक व आपसी निर्भरता के सम्बन्ध बनाते हैं जिनका रख-रखाव सामूहिक विवेक और परस्पर संचार के द्वारा होता है और जो किसी कीटकों की कॉलोनी के समान हैं।[23] यह

[21] "हम केवल अपने आप से बात करते हैं। हम अब नदियों और जंगलों से बात नहीं करते, अब हम हवाओं और सितारों की आवाज़ भी नहीं सुनते। हमने महान संवाद को तोड़ दिया है। इस संवाद को तोड़ कर हमने ब्रह्माण्ड को बिखेर दिया है। जो विभीषिकाएँ अभी हो रही हैं वे सभी इस आध्यात्मिक विकलांगता का परिणाम हैं।" थॉमस बेरी - "द ड्रीम ऑफ़ द अर्थ"।

[22] लिप्टन, बी. 2010. द बायोलॉजी ऑफ़ इंस्पिरेशन, हीलिंग द हार्ट ऑफ़ द वर्ल्ड, एडिटर, डासन चर्च, एलीट बुक्स USA.

[23] देखें पीटर वोलेबेन, उदाहरण के लिए "द हिडन लाइफ ऑफ़ ट्रीज़", 2015, लुडविग वेरलाग। जर्मनी

प्राकृतिक संसार की अन्तर्निहित वास्तविकता है कि यह परस्पर निर्भरता वाली व्यवस्था से ही चलता है जो जीवन के जाल में मौजूद सभी प्रजातियों को आपस में जोड़ती है।

तो हम क्रोध से उत्पन्न होने वाले अलगाव, उसके आघात व दर्द से दूर होकर इससे पैदा होने वाले एकाकीपन की बजाय प्रेम की एकता और सहयोग की ओर कैसे मुड़ सकते हैं? हम अलगाव की कथा को जीवंत एकात्मकता की कहानी में कैसे बदल सकते हैं?

जब मैं उन्नीस वर्ष का था तब मुझे एक सरल अभ्यास सिखाया गया था कि अपने हृदय को प्रेम से भर दें। इस अभ्यास को आधी शताब्दी तक करने के बाद अगर मैंने कुछ सीखा है तो वह प्रेम की ताक़त के बारे में है। हृदय को खोलने के कई तरीक़े हैं, प्रेम की अभिव्यक्ति और स्वरूप कई तरह के होते हैं। प्रेमपूर्ण दयालुता के कई छोटे व सरल कार्य हैं जो हम अपने परिवार, मित्रों, समाज और अजनबियों के लिए कर सकते हैं। ये छोटी-छोटी बातें जो प्रेम से भरपूर होती हैं उन्हें हम जितना समझते हैं वे उससे कहीं अधिक शक्तिशाली और प्रबल होती हैं क्योंकि वे हमें अपने जीवन की आध्यात्मिक जड़ों से और उनकी रूपांतरकारी व आरोग्यकर ऊर्जा से वापस जोड़ देती हैं। प्रेम और परवाह के साथ भोजन पकाना, दूसरों के कष्टों व पीड़ा को खुले हृदय से सुनना, अपने प्रियतम के शरीर को कोमलता और प्रेम से स्पर्श करना या प्रार्थना के भाव में इतनी गहनता से डूब जाना कि आप प्रेम के अनंत सागर में लय होने का अनुभव करने लगें – इन सभी बातों में हम उस प्रेम की अनुभूति कर रहे होते हैं जो हमें एक-दूसरे से जोड़ता है। इस प्रेम के माध्यम से हम जीवन को अनजाने में पोषित भी करते हैं। चूँकि जीवन प्रेम की अभिव्यक्ति है, प्रेम का हर कार्य पूरे संसार के लिए एक उपहार है और उसमें सहभागिता भी।

इस पारिस्थितिकीय संकट के काल में – हम जिस तरह जीवन के इस नाज़ुक ताने-बाने को छिन्न-भिन्न कर रहे हैं – हमारे लिए इस पृथ्वी से प्रेम करना व उसे अपने हृदय में और प्रार्थना में लाना बहुत महत्वपूर्ण है। अपने 'इस साझा घर' यानी पृथ्वी के प्रति जितनी हमारी प्राकृतिक ज़िम्मेदारी है उतनी ही आध्यात्मिक भी है। यह पृथ्वी हमारे सामने विलाप करते हुए हमारी सहायता और राहत के लिए पुकार रही है। टिक नाट हन कहते हैं –

“वास्तविक परिवर्तन तब आएगा जब हमें अपने ग्रह से प्रेम हो जाएगा। केवल प्रेम ही हमें सिखा सकता है कि प्रकृति के साथ तथा एक-दूसरे के साथ आपसी मेलजोल का जीवन कैसे जिया जा सकता है ताकि हम पर्यावरण के विनाश के भयावह परिणाम और जलवायु परिवर्तन के प्रभाव से अपनी रक्षा कर सकें।”[24]

हमें इस संसार में प्रेम की शक्ति को पुनः जागृत करना होगा। पृथ्वी के प्रति प्रेम ही उन सब चीज़ों को लौटा पाएगा जिन्हें हमने नष्ट कर दिया है। अंधकार से ग्रस्त हो रहे इस संसार को प्रकाशित करने के लिए और लगातार विषैले होते परिदृश्य से निकलने के लिए इसी प्रेम की आवश्यकता है। प्रेम सबसे रहस्यमयी तरीक़ों से हम सभी को परस्पर जोड़े रखता है और प्रेम ही हमारे दिलों व कार्यों को दिशा भी दे सकता है। एकता प्रेम की केन्द्रीय भावना है। प्रेम एकता की भाषा है अलगाव की नहीं।

जीवन का गहनतम रहस्य

प्रेम हमें संसार के समग्र जीवन में सहभागिता करने में सहायता करता है। यह हमें जीवन की पुकार व हृदय की धड़कन को सुनने और आत्मा की अनुभूति करने में मदद करता है। यह हमें सृष्टि की हर रचना में स्थित पवित्रता के प्रति जागरूक करता है और यह हमें पुरातन ग्रंथों में वर्णित मूलभूत निर्देशों से पुनः जोड़ता है जो हमें सिखाते हैं कि हमें पारितंत्र के साथ समरसता में कैसे जीना चाहिए, हमें प्रकृति के प्रति प्रशंसा और कृतज्ञता के भाव से कैसे जीना चाहिए जिसमें जीवन के अनगिनत स्वरूपों के प्रति आदर व सम्मान हो तथा कैसे उन तरीक़ों को अपनाया जाए जो एक-दूसरे को सहयोग दें और पोषित करें।

इसी आंतरिक मनोभाव के साथ हम पारितंत्र के साथ व्यवहार करना शुरू कर सकते हैं। जब हमारे हृदय खुले होते हैं तब हम यह पहचान पाते हैं कि

[24] हन, टी.एन., 2013. लव लेटर टू अर्थ, पेरालेक्स प्रेस USA p. 29. इसी अनुच्छेद में वे लिखते हैं, “जब हम पृथ्वी की प्रतिभाओं और वरदानों को पहचानते हैं तो उससे जुड़ाव अनुभव करने लगते हैं और हमारे हृदय में प्रेम पैदा होता है। हम उससे जुड़े रहना चाहते हैं। प्रेम का यही मतलब है – एक होकर रहें।”

हम कौन हैं और यह समझ पाते हैं कि हम जो कुछ भी करते हैं वह हमारे बाह्य और आंतरिक पर्यावरण को किस तरह प्रभावित करता है। हम इस बात के प्रति जागरूक हो जाते हैं कि जैविक अस्तित्व की धारणा का सम्बन्ध सृष्टि की समग्रता से है न कि केवल वर्तमान उपभोक्तावाद से जो ऊर्जा आधारित है और जिसका उद्देश्य केवल अर्थव्यवस्था को समृद्ध करते रहना है।

हम अपने बाह्य भौतिक जीवन में अनावश्यक वस्तुओं को सीधे तौर पर नकार कर सादा जीवन जी सकते हैं। हम संसार के असंतुलन और अलगाव को ठीक करने के लिए आंतरिक रूप से भी कार्य कर सकते हैं। प्रेम की एकता के प्रति हमारी व्यक्तिगत सचेत जागरूकता स्त्री-पुरुष, पदार्थ-आत्मा, शरीर-आत्मा के बीच के अलगाव को समाप्त करके सार्वभौमिक आत्मा से पुनः जोड़ देती है। तब हम वर्तमान संस्कृति द्वारा इस पृथ्वी को दिए घावों पर मरहम लगाकर राहत देने का काम शुरू कर सकते हैं।

प्रेम इस ब्रह्मांड की सबसे शक्तिशाली ताक़त है। प्रेम हमें बदले में प्रेम देता है, प्रेम ही प्रेम को उजागर करता है और प्रेम ही हमें संपूर्ण बनाता है। हम दिव्यता से अपनी आत्मा की गहराइयों में प्रचुरता में प्रेम प्राप्त करते हैं जिसका हमें अंदाज़ा नहीं है। हमारे अस्तित्व का आधार प्रेम का बंधन है जो हर अस्तित्वमान चीज़ से सम्बद्ध है। यही मानव अस्तित्व का सबसे गहन रहस्य है। जितना अधिक हम इस प्रेम की अनुभूति करते हैं और जितना अधिक स्वयं को इस रहस्य के प्रति समर्पित करते हैं, जोकि मानवीय व दैवीय दोनों है, उतना ही अधिक हम सही मायनों में जीवन के कार्यों में, इसके आश्चर्य में हर पल होने वाले प्रकटीकरण में भाग लेते हैं।

पृथ्वी प्रेम से जन्मी है और यह एकता का साकार रूप है जो प्रेम के कारण ही हर पल नवनिर्मित होती रहती है। हम इसके बिगड़े संतुलन को वापस लाने में, इसके रूपांतरण और जागरूकता में सहभागी हो सकते हैं। यह पृथ्वी आतुरता से हमारी सहभागिता की प्रतीक्षा कर रही है। पृथ्वी को हमारे लालच, शोषण और उसकी पवित्र प्रकृति को भुला देने की वजह से बहुत क्षति पहुँची है। वह चाहती है कि हम उसके बारे में सोचें और उससे वापस जुड़ाव स्थापित करें ताकि हम उस एकता की अनुभूति कर सकें जो हमारा मूल स्वभाव है।

इस एकत्व की, इस स्मरण की सरलतम कुँजी प्रेम है। प्रेम जीवन के सबसे गहन रहस्य को अनावृत करने का सबसे सरल और सीधा मार्ग है, जिसे वास्तविकता कहते हैं। यह हर अस्तित्वमान चीज़ के मूल में है, यह बसंत में खिलने वाली हर कली में है और पक कर नीचे गिरने वाले हरेक फल में है।

प्रेम हमें याद दिलाता है कि हम इस जीवनचक्र का अभिन्न अंग हैं, साथ ही हम एक-दूसरे से और इस जीवंत पीड़ित ग्रह से सम्बद्ध हैं। प्रेम हमें इस पृथ्वी से और सहजीवन के नवीन तरीक़ों से तथा साथ ही हमारे पूर्वजों को ज्ञात पारंपरिक पवित्र जीवन पद्धति से जोड़ता है। हमें अपने हृदय में छिपे इस रहस्य को बस स्वीकार करने, प्रेम की उस कड़ी को खोलने की ज़रूरत है जो हम सभी को एकजुट करती है और यही कड़ी जीवन चक्र का ताना-बाना है। तब हमारे सामने प्रेम का वह पहलू खुलेगा जो स्वयं जीवन है और हम एकता का गीत सुन सकेंगे जो हमारे व शेष संसार के हृदय में जीवंत हो उठेगा।

लेवेलन के सुझाव

अगर क्रोध का समझदारी से उपयोग न किया जाए तो यह क्रोध करने वाले को और जिस पर क्रोध किया गया है दोनों को ही आहत करता है, जबकि प्रेम प्रकाश यानी ख़ुशी लेकर आता है। प्रेम एक दिव्य उपस्थिति है, जीवन का आधार है जो आपके मूल में स्थित है।

हृदय पर ध्यान करके प्रेम जागृत किया जा सकता है।

ईश्वर का स्मरण करने का अभ्यास बाधाओं को हटा कर अवचेतन को पुनर्गठित कर देता है।

अभ्यास –

* अपने हृदय को प्रेम से भर लें।
* छोटे-माटे कार्य करते हुए अपने व्यवहार में प्रेमपूर्ण दयालुता लाएँ।
* प्रेम से और ध्यान देकर भोजन बनाएँ।
* दूसरों को खुले दिल से सुनें।
* अपनी नरमाई से दूसरों को प्रभावित करें।
* प्रार्थना की गहनता में उतरते जाएँ जब तक कि आप प्रेम के अगाध सागर में विलीन न हो जाएँ।

प्रेम की शक्ति को पुनः जागृत करें। अपने हृदय के भीतर छिपे रहस्य को स्वीकार करें।

भय के माहौल में प्रेम

सिला एलवर्दी

सिला एलवर्दी के बारे में

सिला एलवर्दी ने सन् 1982 में ऑक्सफ़ोर्ड रिसर्च ग्रुप की स्थापना की जिससे आणविक शस्त्रों से सम्बन्धित निर्णायकों से संवाद स्थापित किया जा सके। इसके बाद उन्होंने सन् 2002 में 'पीस डाइरेक्ट' की स्थापना की ताकि अंतर्विरोधों वाली जगहों में हो रहे शांति के स्थानीय प्रयासों को समर्थन दिया जा सके। इन्हें तीन बार नोबल शांति पुरस्कार के लिए नामांकित किया गया है और सन् 2003 में निवानो शांति पुरस्कार से सम्मानित किया गया है। 'द एल्डर्स' नामक संस्था की स्थापना में उन्होंने आर्चबिशप डेस्मंड टुटु व सर रिचर्ड ब्रैंसन को परामर्श दिया। सन् 2013 में वे 'राइज़िंग वीमेन, राइज़िंग वर्ल्ड' की सहसंस्थापिका बनीं। उनकी नवीनतम किताब का नाम है 'बिज़नेस प्लान फ़ॉर पीस – बिल्डिंग अ वर्ल्ड विदआउट वॉर।' अहिंसा पर दिया गया उनका 'TED' वक्तव्य 1,400,000 लोगों द्वारा देखा गया है।

"क्रोध को अपने तंत्र से कैसे मिटाएँ,
क्रोध का उपयोग अपने रूपांतरण के लिए कैसे करें,
और क्रोध के परे जाकर प्रेम तक कैसे पहुँचें।"
—दाजी

मेरी कहानी

मैं वर्ष 1980 में इस बात से बहुत डरती थी कि परमाणु युद्ध कभी भी हो सकता है। मेरा भय निराधार नहीं था क्योंकि वर्ष 1983 में दुर्घटनावश होने वाला सम्भावित परमाणु युद्ध महज़ 18 मिनट के अंतर से टल गया था। सोवियत रेडार के स्कैनर्स ने पाया कि एक मिसाइल हमला हुआ है और बचाव के लिए क्रेमलिन को अपनी मिसाइल दागने को कहा गया। लेकिन वहाँ उपस्थित एक कर्नल सतर्क थे, उन्होंने ग़ौर से देखा तो पाया कि रेडार पर जिसे मिसाइल हमला समझा गया था वह वास्तव में केवल कलहंसों का एक झुण्ड था।

अतः मैंने इस दिशा में काम करना शुरू कर दिया। मैंने परमाणु निरस्त्रीकरण के लिए ऑक्सफ़ोर्ड, UK में माताओं के एक पैदल मार्च का आयोजन किया। फिर मुझे सन् 1982 में न्यूयॉर्क में संयुक्त राष्ट्र संघ के परमाणु निरस्त्रीकरण के दूसरे विशेष सत्र में भेजा गया। दो सप्ताह की चर्चा के बावजूद इसमें कोई प्रगति नहीं हो सकी और फिर न्यूयॉर्क की सड़कों पर सारी दुनिया से आए लोगों ने एक ज़बरदस्त प्रदर्शन किया। इसमें जापान जैसे दूरस्थ देश से भी लोग आए और हमने सेंट्रल पार्क के कोने-कोने को भर दिया।

अगली सुबह न्यूयॉर्क टाइम्स में इस खबर को पाँच पन्नों में छापा गया। मैं संयुक्त राष्ट्र में अपने काम से काफ़ी उत्साहित थी और इस उम्मीद से लौटी कि इससे सारी चीज़ें बदल जाएँगी।

दिन ढलने तक किसी भी देश ने अपने रुख में एक सेंटीमीटर का भी परिवर्तन नहीं किया। मैं विचलित थी कि दस लाख लोग शांतिपूर्वक अपनी सरकारों को कह रहे हैं कि वे परमाणु हथियारों का निर्माण न करें और एक संधि करें

कि वे अपने परमाणु हथियारों का ज़खीरा कम कर लेंगे, लेकिन इसका कोई प्रभाव उन पर पड़ ही नहीं रहा था। मैं कुंठित और सदमें में थी कि दस लाख नागरिक मिलकर भी संसार को सम्भावित संकट से बचाने के लिए अपनी सरकारों के रुख में कोई बदलाव नहीं ला सके।

इसके बाद एक बार जब मैं ब्रॉडवे की किसी बस में खड़े-खड़े यात्रा कर रही थी, एक आवाज़ मेरे मन में गूँजी और उसने कहा, "तुम ग़लत लोगों से बात कर रही हो। संयुक्त राष्ट्र इस मामले में कुछ नहीं कर सकता। तुम्हें उन लोगों से बात करनी होगी जो ये निर्णय लेते हैं।"

मैंने ख़ुद से पूछा, "वे लोग कौन हैं?" तब यह स्पष्ट हुआ – भौतिक विज्ञानी जो युद्धास्त्र के डिज़ाइन बनाते हैं या वे बुद्धिवादी जो यह मानते हैं कि नए और उन्नत अस्त्रों का निर्माण किया जाना चाहिए; वे हथियार निर्माता जो मिसाइलों का निर्माण करते हैं; वे रक्षा सम्बन्धी अधिकारी जो उन्हें इस काम के लिए धन देते हैं; सेना के वे अधिकारी जो इन हथियारों को कहीं स्थापित करते हैं व किसी लक्ष्य पर निशाना लगाते हैं और वे राजनीतिज्ञ जो ऐसा करने का निर्णय लेते हैं – यही वे लोग हैं।

अपने दिमाग में उठ रही इस आवाज़ को मानकर मैं घर चली गई फिर अपनी भोजन की मेज़ पर साथियों से चर्चा करके एक शोध (रिसर्च) समूह की स्थापना की जो यह पहचान करने के लिए था कि वास्तव में निर्णय लेने वाले लोग कौन हैं? ख़ासकर उन देशों में जो परमाणु अस्त्रों के मालिक हैं जैसे संयुक्त राष्ट्र अमरीका, सोवियत यूनियन, ब्रिटेन, फ़्राँस और चीन।

इस लंबी कथा को संक्षिप्त करते हुए कहूँ तो हमने चार वर्षों तक रिसर्च करने के बाद अपनी पहली किताब प्रकाशित की।[25] हमने इन निर्णयकर्ताओं को भी इस चर्चा में शामिल करने की कोशिश की। लेकिन उन सबने हमसे बात करने से इनकार कर दिया। मैं एक बार फिर बहुत निराश हुई। लेकिन अब मैं जानती हूँ कि ऐसा क्यों था। वे जानते थे और उनकी सोच सही भी थी कि हम लोग भय के द्वारा उकसाए गए थे और मुझे उकसाए जाने का कारण क्रोध

[25] मॅक्लीन S., 1986. हाउ न्यूक्लिअर वेपन्स डिसीज़न्स आर मेड। मैकमिलन, लंदन, UK.

था। मैं बहुत क्रोधित थी कि कोई भी हमारे भविष्य को संकट में डाल सकता है और हमारे बच्चों के भविष्य को भी क्योंकि वे ऐसे घातक व विषैले हथियार बनाकर उन्हें इतने बारीक ट्रिगर अलर्ट पर रखते हैं यानी उन्हें मिनटों में चलाया जा सकता है।

जीवन के इस मोड़ पर आकर मैंने ध्यान करना सीखा और कुछ वर्षों पहले शुरू किए गए आत्मचिंतन को गहन करने का अभ्यास किया। मैंने अपने अंधकारमय पक्ष पर ग़ौर करना शुरू किया तब मुझे भान हुआ कि मैं कितनी क्रोधित और भयभीत थी। जबसे मुझे इसका भान हुआ तबसे मैंने आने वाले अनेक वर्षों तक ख़ुद को बदलने का प्रयास किया और लोग मुझसे सहमत होने लगे।

सन् 1987 के आसपास हम महिलाओं का एक प्रतिनिधि मंडल लेकर मॉस्को गए और सोवियत यूनियन के नेता मिख़ाइल गोर्बाचेव से मिले। हमारे साथ बातचीत के लिए महिलाएँ पूर्वी यूरोप से ब्रुसेल्स आईं जो नाटो का मुख्यालय है – पहली बार कोई पूर्वी यूरोप से नाटो मुख्यालय में आया था।

हमारे समूह का नाम ऑक्सफ़ोर्ड रिसर्च ग्रुप था। हमने आणविक निर्णयकर्ताओं को ऑक्सफ़ोर्ड के निकट ओल्ड क्वेकर मैनर हाउस पर आमंत्रित करना शुरू किया और वे आने भी लगे। शुरुआत में यह तनावपूर्ण और औपचारिक था लेकिन हमने इसे बातचीत की खातिर सुरक्षित स्थान बनाने के लिए अपनी सर्वश्रेष्ठ कोशिश की और उन्हें घर में बना हुआ भोजन दिया व उन सभी के शयनकक्षों को स्थानीय जंगली फूलों से सजाया।

जिस तरीक़े से हमने सहभागियों के साथ व्यवहार किया और उन्हें सुविधाएँ दी उसके कारण शुरुआती अविश्वास व शंकाएँ दूर हो गईं। तब सहभागियों ने अपनी कमर कस ली और वे संधि की सम्भावित शर्तों के सुझाव देने लगे।

इस निर्णायक बात पर सबको लाने में दस वर्षों का समय लग गया। यहाँ एक महत्वपूर्ण बिंदु था संपूर्ण गोपनीयता – वहाँ कोई प्रेस रिलीज़ नहीं थीं, कोई संचार माध्यम नहीं था और इन बैठकों से कुछ भी मीडिया को रिपोर्ट भी नहीं किया गया था। सहभागियों के बीच भरोसा स्थापित होना ज़रूरी था।

ऑक्सफ़ोर्ड रिसर्च ग्रुप द्वारा आज भी जो आणविक संवाद संचालित किया जाता है उस पर भी यही बात लागू होती है।

लेकिन एक अन्य प्रमुख घटक भी था – भय और क्रोध का अभाव। हम सभी लोग जो इन बैठकों को आयोजित करते थे उनमें लोगों या प्रक्रिया के प्रति न तो कोई भय था और न ही क्रोध। हमारा दृष्टिकोण उनके प्रति ऐसा था जैसे हम सभी लोग मिलकर किसी विशाल समस्या से जूझ रहे थे और समय के साथ हम उन्हें पसंद भी करने लगे। इस सोच से बहुत फ़र्क पड़ा।

क्रोध से प्रेम की ओर बढ़ने के लिए कौन से कौशलों की आवश्यकता है?

मैंने लगभग आधी सदी तक सशस्त्र युद्ध की दुनिया में काम किया है और जो सबसे महत्वपूर्ण सबक मैंने सीखा वह यह कि हमारी बाह्य प्रभावोत्पादकता के लिए हमें सबसे पहले स्वयं पर आंतरिक कार्य करना होता है। यही इसके लिए पूर्वापेक्षित है।

इसके दो प्रमुख कारण हैं। पहला तो यह कि हमारी जागरूकता की गुणवत्ता हमारे द्वारा प्राप्त किए गए परिणाम को सीधे तौर पर प्रभावित करती है। दूसरा यह है कि यदि हमने ईर्ष्या, क्रोध, भय और लालच जैसी अपनी कमियों की खोजबीन नहीं की और यदि उन्हें अपने जीवन में समाहित करके निर्मूल करने के लिए लगातार काम नहीं किया तो इसकी पूरी सम्भावना है कि हम इन अचेतन भावनाओं से दूसरों को ठेस पहुँचाएँगे।

यहाँ मैं एक ऐसी महिला का उदाहरण दे रही हूँ जिन्हें "पीस डाइरेक्ट" ने कई वर्षों तक सहयोग दिया। गुलालई इस्माईल उत्तर पश्चिमी पाकिस्तान में रहती हैं और जब वे 15 वर्ष की थीं तब से अपनी साथी मलाला युसुफज़ई के साथ युवतियों को स्कूल जाने के लिए प्रेरित किया करती थीं। बाद में मलाला के इसी कार्य के कारण कट्टरपंथियों ने उसके सिर में गोली मार दी। लेकिन गुलालई इससे विचलित नहीं हुईं और उन्होंने अपना कार्य जारी रखा। वे अब भी युवाओं को मदरसे में जाने के लिए प्रेरित करती हैं। जिन लोगों को जिहाद का प्रशिक्षण दिया गया है उन्हें खोज कर वे उनके घर जाती हैं और उनके माता-पिता से बात करके उन्हें बताती हैं कि कुरान में आत्मघाती हमले करना

क्यों जायज़ नहीं है। अब तक उन्होंने लगभग 200 आत्मघाती युवकों को ऐसे हमले करने से रोका है। ऐसा काम करना उच्चतम स्तर की आत्म-जागरूकता के बग़ैर सम्भव नहीं है।

नई पीढ़ी के नेताओं को आज की चुनौतियों का सामना करने की ज़रूरत है और यदि उन्हें आने वाले कल में विकसित होना है तो आंतरिक आत्मविकास और बाह्य कार्यवाही के सम्बन्ध को समझना होगा और जीवन में उतारना होगा। अगर हम स्पष्ट संवाद करना चाहते हैं, संघर्षों को रूपांतरित करना चाहते हैं, उत्साह पैदा करना चाहते हैं और अपने परिवारों एवं कार्यस्थलों में भरोसे की भावना विकसित करना चाहते हैं तो हमारे सामने सर्वप्रथम चुनौती आंतरिक कार्य करना ही है।

आत्मज्ञान

यह आज की विकासात्मक चुनौती है, जिसे कई लोग समझ नहीं पाते, कि वांछित बाह्य परिवर्तनों को लाने के लिए आंतरिक परिवर्तन ज़रूरी है। अगर मानवजाति का बड़ा हिस्सा अपने आप में यह परिवर्तन ला सके तो एक नितांत नई जीवन पद्धति का उदय हो सकता है।

यह एक विकासात्मक छलाँग है जिससे "मैं" के स्थान पर "हम" के बारे में सोचने की योग्यता विकसित होती है। शुरुआत में यह कठिन लग सकता है लेकिन जल्द ही यह स्पष्ट हो जाता है कि जीने का यही तरीक़ा पोषित करने वाला और संतोषप्रद है, क्योंकि इससे मनुष्य को अपने जीवन के उद्देश्य का भान होता है। हममें से कई लोग जीवन में जिस चीज़ की खोज करते हैं वह यही अपनेपन और सामाजिक समरसता की अनुभूति है।

संक्षेप में कह सकते हैं कि हमें कम व्यक्तिगत होने के लिए अधिक गहन व्यक्तिगत कार्य करने की ज़रूरत होती है!

जब मैं तीस वर्ष की थी तो मुझे मस्तिष्क की बीमारी हो गई और मैं दो सप्ताह के लिए कोमा में चली गई थी, जिससे उबरने में मुझे छः वर्ष का समय लगा। उस दौरान मेरा मस्तिष्क बहुत धुंधला सा था और किसी तरह के शोध का

कार्य करने के योग्य नहीं था। लेकिन उस समय एक विचार मेरे मस्तिष्क में लगातार घूमता था, "मैं कौन हूँ?" आगे चलकर मैं एक सज्जन से मिली जिन्होंने मुझे कुछ उपाय सुझाए जिससे इस प्रश्न का उत्तर पाने में मुझे मदद मिली।

कई दशकों के प्रयास के बाद मैंने पाया कि आत्मज्ञान और अंतर्दृष्टि की क्षमता संघर्ष टालने या हल करने के लिए आवश्यक है। आत्म-जागृति जितनी अधिक होगी अनसुलझी व्यक्तिगत समस्याएँ हमारे कार्यों को उतना ही कम दुष्प्रभावी करेंगी और हम जो काम कर रहे हैं उसकी प्रभावशीलता उतनी ही अधिक होगी। इसके स्पष्ट उदाहरण के रूप में हम कह सकते हैं कि हममें से जो शत्रुओं के बीच मध्यस्थता का कार्य कर रहे हैं उन्हें क्रोध व भय के अधीन नहीं होना चाहिए और स्वयं की नकारात्मक भावनाएँ पहचान कर उन पर कार्य करना चाहिए।

सुनना

अधिकतर झगड़े किसी भी अन्य साधन की तुलना में, ठीक से सुनने की योग्यता के कारण ही सुलझ जाते हैं। हममें से ज़्यादातर लोग सोचते हैं कि हम अच्छे श्रोता हैं, जबकि ऐसा नहीं है। जब ज़ाहिर तौर पर हम सुन रहे होते हैं तब अधिकांश समय हम यह सोच रहे होते हैं कि अब हमें इसका क्या उत्तर देना है या फिर हम वक्ता के बारे में राय कायम कर रहे होते हैं या उसका आंकलन कर रहे होते हैं, अथवा मानसिक रूप से हम वहाँ उपस्थित ही नहीं होते।

अपना संपूर्ण अविभाजित ध्यान एक ऐसा अति मूल्यवान उपहार है जो हम उस दूसरे व्यक्ति को दे सकते हैं, ख़ासकर जब कोई बहस हो रही हो। जब कोई व्यक्ति अनुभव करता है कि उसे वास्तव में सुना जा रहा है तो वह तुरन्त तनावमुक्त होने लगता है। अगर श्रोता वक्ता के शब्दों के पीछे छिपी भावनाओं को समझने के लिए स्वयं को एकाग्र करे तो और भी अच्छा होगा क्योंकि इससे बेहतर ढंग से जानकारी उभर कर आती है।

हम एक उदाहरण लेते हैं – मैंने एक बड़ी अंतर्राष्ट्रीय कंपनी के वैश्विक अधिकारियों की एक बैठक में उन सभी को एक प्रयोग करने को कहा कि वे

दो-दो के जोड़े में एक-दूसरे के सामने 40 मिनट तक बैठें। "आपको जीवन में कौन सी चीज़ परेशान कर रही है?" "आप किस चीज़ को पाने के लिए बेचैन रहते हैं?" "आपके अनुसार आपकी अधिकतम क्षमता क्या है?" ऐसे सवालों के जवाब देते समय उन्हें एक-दूसरे के साथ आँखों से संपर्क बनाए रखना था और अपने साथी को ध्यान से सुनना था।

जोड़े का हर साथी बारी-बारी से जवाब दे रहा था और उनके ये जवाब सतही स्तर से कहीं नीचे उनके दिल की गहराई से आ रहे थे। इसके साथ ही हरेक व्यक्ति बारी-बारी से सुन भी रहा था यानी पूरा ध्यान दे रहा था।

पहले-पहल उन्हें यह अच्छा नहीं लगा। उनके शरीर आँखों से संपर्क बनाए रखने और व्यक्तिगत ईमानदारी के संकोच से छटपटा रहे थे। प्रयोग के अंत में सुनने में निहित शक्ति के बारे में उनकी एक नई राय बन गई। अपने कार्यक्षेत्र में कुछ हफ़्तों तक इसका प्रयोग करने के बाद उनके CEO ने बताया, "आपने जो कुछ हमें सिखाया उसकी मदद से हम किसी भी समस्या को पंद्रह मिनट में ही सुलझा लेते हैं जिसे पहले हम चार घंटों तक चर्चा और बहस करने पर भी सुलझा नहीं पाते थे।"

इसलिए अगर आपका किसी से कोई झगड़ा है और आप अपनी सुनने की योग्यता का उपयोग करना चाहते हैं तो आप उसे कह सकते हैं, "क्या आप मेरे साथ आधा घंटा बिताना चाहेंगे ताकि हम अपने बीच चलने वाले मसले को अच्छी तरह समझ सकें?" आप उनसे कह सकते हैं कि आप इस मामले में किसी अन्य को दोष दिए बिना यह सुनना चाहेंगे कि इस मसले के बारे में वे क्या महसूस करते हैं। इसके बाद आपने जो भी सुना उसके बारे में अपनी राय यानी फ़ीडबैक दें और इसे जितना भी हो सके उतना सटीक रखने की कोशिश करें। इसके बाद आप भूमिका बदलें – अब आप लगभग पाँच मिनट तक बोलें और वह व्यक्ति इसे ध्यान देकर सुने, उतना ही जितना कि वह आपकी बात को दोहरा सके।

इस प्रक्रिया में सामान्यतः मन जो कह रहा होता है, "मैं सही हूँ और आप ग़लत," उसमें बदलाव आता है और यह बदलाव दिल से होता है जो कहता है, "हे भगवान! इसके बारे में क्या आप ऐसा महसूस करते हैं?"

उस समय आप उस बारे में बात कर सकते हैं जिसे दोनों पक्ष चाहते हैं। अपनी उन अधूरी ज़रूरतों के बारे में बात कर सकते हैं जो आपके क्रोध, भय और ईर्ष्या के गहन कारण हैं। आप यह सुझाव दे सकते हैं कि वह व्यक्ति आपकी ज़रूरत की पूर्ति में किस तरह सहायता कर सकता है और साथ ही प्रस्ताव भी दे सकते हैं कि आप उनकी ज़रूरतों की पूर्ति में कैसे सहायता करेंगे। बाद में दोनों इस पर अपनी-अपनी प्रतिक्रिया दे सकते हैं।

ब्रिटिश सरकार जानती है कि उत्तरी आयरलैंड में तीस वर्षों के आतंक का खात्मा करने में उनकी समस्त शक्तियाँ व्यर्थ साबित हुई थीं। अंततः यह सही ढंग से सुनने, धैर्यपूर्ण मध्यस्थता, चर्चा और दोनों पक्षों के सम्मान की रक्षा करते हुए उनके मध्य सेतु बनाने से हो पाया था। सीनेटर जॉर्ज मिशेल, जिन्होंने इस गुड फ्राइडे एग्रीमेंट के होने में महत्वपूर्ण भूमिका निभाई थी, उन्होंने कहा, "मैं सुनता रहूँगा फिर चाहे इसमें कितना ही समय लग जाए।"

हमारा आंतरिक आलोचक – इसके साथ कैसे काम करें?

हम सभी के भीतर आलोचनात्मक शक्तियाँ होती हैं जो हमारी कल्पनाओं को दबा कर हमारी ऊर्जा को अशक्त बना सकती हैं। ये हमारी संकल्पनाओं को क्षीण कर सकती हैं और अन्ततः हमें असहाय निष्क्रियता की दशा में धकेल सकती हैं। ज़ाहिर तौर पर सबसे सफल कार्यकारी अधिकारी भी एक तरह के भय से ग्रसित होते हैं जिसे "इम्पोस्टर सिंड्रोम" कहते हैं जिसमें व्यक्ति अपनी क्षमताओं पर संदेह करता है और डरता रहता है कि उसको धोखेबाज़ करार न कर दिया जाए।

यही वे निहित शक्तियाँ हैं जिनसे क्रोध जन्म लेता है क्योंकि जब हमारे आलोचक द्वारा हमें लगातार बताया जाता है कि हम कहाँ पर ग़लत हैं और हम उसका सामना करने में ख़ुद को असमर्थ पाते हैं तब हम दूसरों की आलोचना करके या क्रोध के रूप में अपनी कुंठा उन पर निकाल देते हैं।

हमें अपनी इन्हीं आंतरिक शक्तियों का सामना करके स्वयं को रूपांतरित करना है। अपने आंतरिक आलोचक का सामना करना कठिन होता है लेकिन इसका एक अतिरिक्त लाभ है। हमारे आंतरिक आलोचक के पास

तमाम मीन-मेख निकालने के पीछे एक रहस्य छिपा होता है, जैसे आग उगलते ड्रैगन के पंजों में एक हीरा हो।

इस रत्न की खोज का एक तरीक़ा मैंने खोज निकाला है। मान लें कि आंतरिक आलोचक आपको निम्नलिखित तरीक़े से तनाव दे रहा है –

आपके सामने एक बड़ी चुनौती आ रही है और आप अपनी काबिलियत पर शक करना शुरू कर देते हैं।

अतीत की कोई घटना अचानक आपको याद आ जाती है, शायद ऐसी घटना जिसमें किसी ने आपको बेवकूफ़ बनाया हो।

एक आलोचनात्मक आवाज़ आपके कँधों पर चढ़ कर चिल्लाती है, "यह तुम्हारे लिए नहीं है," "तुम इस काम को करने के लायक नहीं हो," "तुमसे कोई प्यार नहीं करता," "तुम धोखेबाज़ हो," आदि।

आंतरिक आलोचक आपको इस तरह की नकारात्मक बातों से किसी भी समय कुंठित कर सकता है। इसे बदल देने का एक तरीक़ा है – अपने साहस का उपयोग आंतरिक आलोचक रूपी ड्रैगन का सामना करने के लिए करें।

जब वह अगली बार आपको आधी रात को जगा दे तब –

कुछ मिनटों के लिए शांति से गहरी साँसें लें।

दो कुर्सियाँ या आसन आमने-सामने रख लें।

एक आसन पर या कुर्सी पर बैठें और अपने आंतरिक आलोचक से इस तरह बात करें जैसे कि वह आपके सामने बैठा हो।

उससे पूछें कि वह आपको परेशान क्यों कर रहा है? पूछें, "तुम मुझसे क्या चाहते हो?"

इसके बाद उठें और आंतरिक आलोचक की कुर्सी पर बैठ जाएँ और इस तरह से जवाब दें जैसे कि आप ही आंतरिक आलोचक हों। यह कुछ अजीब लग सकता है लेकिन जब आप इसे करेंगे तो समझ में आएगा कि यह बहुत स्पष्टता से जवाब देगा। यह शायद उसी तरह के आरोप फिर से दोहराएगा।

अब आप दोबारा अपनी कुर्सी पर लौट आएँ और आलोचक से कहें, "तुमने जो कहा उससे मुझे कोई मदद नहीं मिली है ! मुझे बताओ कि मुझे और क्या जानना चाहिए।"

एक बार फिर आलोचक की कुर्सी पर जाएँ और आलोचक की आवाज़ में इसका जवाब दें। अब यह आपको अधिक व्यावहारिक सलाह देने लगेगा।

यह प्रक्रिया तब तक जारी रखें जब तक कि जो कुछ उसने कहा आप उसे सुन कर स्वीकार न कर लें।

फिर यह देखें कि क्या आप आलोचक द्वारा बताई गई किसी योजना पर सहमत हो सकते हैं जो आपके लिए अनुकूल हो और सहजता से अमल में लाने योग्य हो।

मैं जब भी यह प्रक्रिया करती हूँ तो मैंने हमेशा पाया है कि इस आलोचक में असाधारण समझ और विवेक है – उसे कुछ ऐसा मालूम होता है जो मुझे उस परिस्थिति में जानना चाहिए।

शांत बने रहने की योग्यता

जब कभी राजनैतिक मुद्दों का सवाल आता है तो हम दंभ के दुश्चक्र में फँस जाते हैं या दूसरों को दोष देने लगते हैं। यह रवैया हमें दूसरे के नज़रिए को समझने से रोक देता है। इस रवैये के कारण विपरीत मत के लोगों से कोई वास्तविक संवाद कर पाने की सम्भावना ख़त्म हो जाती है।

जब मैं परमाणु अस्त्रों से सम्बन्धित काम कर रही थी तब मैंने अपने भीतर के दंभ को निकट से अनुभव किया – 'मैं ही सही हूँ और वे ग़लत' की अत्यंत लुभावनी और बलवान धारणा।

उच्च नैतिक आधार होने मात्र से कोई फ़र्क नहीं पड़ता। यह न तो प्रभावी होता है और न ही उपयोगी। बहुत पीड़ा सहने के बाद इन विगत वर्षों में मैंने यह सीखा है कि अगर मुझे किसी से वाकई में बातचीत करनी है तो जो वह मुझसे कह रहा है उसके प्रति मुझे खुलेपन और स्वीकृति का भाव रखना होगा –

इस हद तक कि इस कठोर सम्भावना को भी स्वीकार कर सकूँ कि मैं ग़लत हो सकती हूँ!

'शांत बने रहने की योग्यता' कोई भारी भरकम शब्द नहीं हैं लेकिन इनमें जीवन बचाने की सम्भावना छिपी है। इस सम्बन्ध में एक सच्ची कहानी प्रस्तुत है -

वर्ष 2003 में ईराक पर आक्रमण करने के बाद लेफ्टीनेंट कर्नल क्रिस ह्यूगेस, नजफ़ में अपनी टुकड़ी का नेतृत्व कर रहे थे। अचानक लोग घरों और मस्जिदों से निकल कर सड़क पर आने लगे। वे बहुत गुस्से में थे और अपनी मुट्ठियाँ बाँध कर चिल्ला रहे थे। भारी हथियारों से लैस सिपाही, जिनमें से अधिकतर लगभग उन्नीस बरस के थे, अरबी नहीं जानते थे, इसीलिए वे समझ ही नहीं पा रहे थे कि क्या हो रहा था। क्रिस ह्यूगेस तुरन्त समझ गए कि एक भयानक नरसंहार होने वाला है। वे भीड़ के बीच गए, अपनी बंदूक की नली ज़मीन की ओर रखते हुए उसे सिर के ऊपर तक उठाया और अपने लोगों को ऐसा आदेश दिया जो उन्होंने पहले कभी नहीं सुना था, "झुक जाओ!" सिपाही अपने शरीर पर पहने भारी कवच के साथ हक्के-बक्के होकर ज़मीन पर बैठ गए और बंदूक की नलियों को रेत में धँसा दिया।

वह भीड़ एक अविश्वास के भाव के साथ शांत हो गई। दो मिनट तक लोग ऐसे ही खड़े रहे और फिर वे लौट गए।[26]

दूसरों के प्रति सम्मान के इस संकेत ने एक भयावह रक्तपात को टाल दिया। किसी हथियार की ज़रूरत नहीं पड़ी न कोई गोली दागनी पड़ी और न ही कोई बदला लेना पड़ा। हमने इससे क्या सीखा?

कई भयानक संघर्ष अपमानित अनुभव करने से होते हैं।

अपमान का सबसे अच्छा प्रतिकारक सम्मान देना है।

[26] यह पूरी कहानी डान बौम ने लिखी है : "बैटल लेसन्स : व्हाट द जनरल्स डोंट नो", द न्यू योर्कर, जनवरी 17, 2005 www.newyorker.com/archive/2005/01/17/050117

जिस व्यक्ति ने हमारा अपमान किया हो और हमें गुस्सा दिलाया हो उसके प्रति सम्मान प्रकट करना चुनौतीपूर्ण होता है। इसके लिए करुणा, आत्म जागरूकता, और शांत बने रहने की योग्यता की ज़रूरत होती है।

जब हम अचानक संकट में फँस जाएँ जैसे कि सड़क पर चाकूबाज़ी हो रही हो तो 'शांत बने रहने की योग्यता' की ज़रूरत होती है। जिसका मतलब है हंगामें, गड़बड़ी, भय और क्रोध के समय शांत बने रहना।

इस कौशल को सीखने के लिए अभ्यास की ज़रूरत पड़ती है। ऐसी परिस्थिति में गहरी साँसें लेना एक स्वचालित प्रतिक्रिया बन जाना चाहिए क्योंकि इससे दिमाग शांत होता है और हृदय को अपना काम करने में सहायता मिलती है। दिमाग के बदले दिल से काम लेना बेहतर विकल्प होता है; दिमाग की प्रकृति घबराने की होती है जबकि हृदय जानता है कि इसमें शामिल दूसरे लोगों के मन में क्या चल रहा है। एक बार हम जान लें कि हिंसक लोगों के मन में क्या हो रहा है तब उनसे लड़ने की बजाय उनसे बात करने का विकल्प हमारे लिए खुल जाता है।

इस तरह की प्रतिक्रिया के लिए काफ़ी कुछ करना होगा। चाकूबाज़ी की घटनाओं से पीड़ित के परिवार के लिए इस तरह की सोच को स्वीकार करना कठिन हो सकता है। हम सभी के लिए आशा करते हैं कि इस तरह के कौशल के उपयोग की आवश्यकता न पड़े लेकिन हमें उनका अभ्यास करने की ज़रूरत है ताकि जब वास्तव में आवश्यकता हो तो हम उनका उपयोग कर सकें।

अगर अचानक आपके प्रोफ़ेसर, आपके वरिष्ठ अधिकारी या आपके सहकर्मी बुरी तरह से आपकी आलोचना करें तो उस समय आपको प्रतिक्रिया देने की बजाय अपने आंतरिक संसाधनों और शांत बने रहने की योग्यता का उपयोग करना आना चाहिए। कठिन परिस्थिति में घिर जाने पर आपको समानुभूति की भावना के साथ वास्तव में दूसरों को समझने का प्रयास करना चाहिए। यह असामान्य है और सुधारवादी भी।

एक विशाल पैमाने पर हमें मालूम है कि हम संसार में जो कुछ भी करते हैं उसकी प्रभावशीलता के लिए नियमित आत्मचिंतन से पैदा होने वाली शांत

बने रहने की योग्यता आवश्यक है। 'पीस डाइरेक्ट' में हमने अनगिनत उदाहरणों को रिकॉर्ड किया है जहाँ शांति स्थापित करने की कोशिशें तब बहुत सफल होती हैं जब स्थानीय लोग इस तरह के कौशलों का उपयोग करते हैं।[27]

हेनरी बुरा लादयी, डी आर कांगो में एक बाल सिपाही थे; उन्हें इस तरह के कौशल को विकसित करने के लिए कठोर अनुभवों से गुज़रना पड़ा। उनका नागरिक सेना द्वारा अपहरण कर लिया गया था जहाँ से वे निकल भागे। जंगलों से गुज़रते हुए उनको संघर्ष निवारण केन्द्र में शरण मिली। उनके द्वारा की गई देखभाल और शिक्षा से वे फिर से सुरक्षित महसूस करने लगे। तब उन्होंने निश्चय किया कि वे अपना बाकी का जीवन इस तरह अपहृत युवाओं को मुक्त कराने में बिताएँगे।

जब-जब 'पीस डाइरेक्ट' संस्था हेनरी को कुछ धन भेजती है, वे अपनी मोटरसाइकिल से जंगलों में निकल जाते हैं और बकरों का झुण्ड खरीद कर उधर ले जाते हैं जिधर नागरिक सेना के कैंप होते हैं। इस सबका मतलब है अपना जीवन ख़तरे में डालना क्योंकि नागरिक सेना बंदूक का घोड़ा दबाने में आनंदित होने वाले नशेड़ी लोग हैं और उन्हें किसी की घुसपैठ पसंद नहीं आती। लेकिन हेनरी जानते हैं कि अपने भय को कैसे नियंत्रित करना है और शांत बने रहने की कला ही वह तत्त्व है जो बातचीत के ज़रिए उनके दिल तक रास्ता बनाती है। वे एक बकरे के बदले एक बच्चे का सौदा करते हैं और उन बच्चों को उनके घर वापस ले आते हैं।

इसके बाद असली कठिन कार्य शुरू होता है क्योंकि इन पीड़ित किशोरों को जिन्हें अपने ही गाँववालों की हत्या करने के लिए विवश किया जाता रहा था फिर से एकीकृत करके सामान्य जीवन में लाना एक जटिल और श्रम साध्य कार्य होता है। हेनरी इसके लिए एक तरकीब करते हैं। वे उन बच्चों को गाँव के निकट की किसी योजना में काम देते हैं जहाँ उनके सम्बन्धी उन्हें काम करते देखते हैं और यह समझ पाते हैं कि वे फिर से सामान्य होना चाहते हैं।

[27] www.peacedirect.org

परिवर्तन के लिए क्रोध एक प्रेरक-शक्ति है

क्रोध गैसोलीन की तरह होता है। अगर आप इसे लोगों पर छिड़क कर माचिस दिखा दें तो आग भड़क उठती है। इससे लोग घायल हो जाएँगे। लेकिन अगर आप इसे अपने इंजन में डालें तो कार्बूरेटर में ईंधन जाने की तरह यह आपको आगे बढ़ने में सहायता करता है। यह आपको ऐसे समय में उठने में मदद दे सकता है जब और कोई तरकीब काम न कर रही हो। यह आपको तब भी सुबह जगा देगा जब आप संघर्ष करते-करते थक चुके हों।

लेकिन हमें अपने क्रोध के प्रति लगातार जागरूक रहना चाहिए और इसकी सफ़ाई करते रहना चाहिए। इस बात से मेरा मतलब है कि सावधानी से इस बात पर ग़ौर करें कि आपका क्रोध व्यक्तिगत न हो जाए और किसी व्यक्ति के प्रति न होकर किसी क्रिया के प्रति हो जब कुछ ग़लत किया जा रहा हो।

तब आपका क्रोध पवित्र होगा और यह तर्कों और स्पष्टीकरणों के परे जाकर सिर्फ़ परिवर्तन पर ज़ोर देगा।

यह वह क्रोध होगा जो प्रेम के एवज़ में काम कर रहा है।

आज के परिप्रेक्ष्य में क्रोध, भय और प्रेम

हममें से कई लोग आज भयभीत हैं क्योंकि यह संसार संकटों से भरा हुआ है। आज हम वर्तमान दौर में अनेक चुनौतियों का सामना कर रहे हैं – ये सभी मानव निर्मित आर्थिक, सामाजिक और पर्यावरण सम्बन्धी संकट हैं जिनकी स्थिति दिन-ब-दिन बदतर होती जा रही है।

हममें से कई लोग इस बात से नाराज़ हैं कि मानव निर्मित गंदगी हमारे महासागरों को प्रदूषित कर रही है या भूमंडलीय ऊष्मीकरण की रोकथाम के लिए कुछ ठोस कार्य नहीं किया जा रहा और मनुष्य जिस तरह इस पृथ्वी को नष्ट कर रहे हैं उन्हें डर है कि मानवजाति का भी पूरी तरह से विनाश हो सकता है।

हममें से कई लोग असहाय महसूस करते हैं और हम जिस विशाल पैमाने पर चुनौतियों का सामना कर रहे हैं उससे वे निराश भी हैं।

लेकिन जिनमें कुछ परिवर्तनकारी कार्य करने का साहस होता है हम उन लोगों की प्रशंसा करते हैं और उन्हें प्रेम भी करते हैं। ऐसे परिवर्तन चाहे छोटे हों या बड़े, ये इस समय अपरिहार्य दिखाई दे रहे हैं। हम उनसे प्रेम करते हैं जो मुद्दों की बात करते हैं और इसके कारण होने वाली आलोचना का सामना करते हैं। हम उनसे प्रेम करते हैं जो अच्छे व्यावहारिक समाधान लाते हैं और उन्हें लागू भी करते हैं। इस भ्रमपूर्ण समय में हम उनके साहस व विवेक के लिए उनकी प्रशंसा और उनसे प्रेम करते हैं।

हम उनसे प्रेम क्यों करते हैं? क्योंकि हम सभी लोग अपनी बाहरी सतह के नीचे प्रेम ही हैं। हम सभी प्रेम से बने हैं। हरेक शरीर एक चमत्कार है। हरेक चीज़ जो हमें पसंद न हो वह भी अंततः रूपांतरित होने का सामर्थ्य रखती है। जब भी हम किसी फूल या पेड़ को देखते हैं तो जो हम देखते हैं वह प्रेम ही है जो क्रियाशील है।

सिला के सुझाव

बाह्य प्रभावशीलता के लिए आंतरिक कार्य आवश्यक है। आपकी जागरूकता की गुणवत्ता परिणामों की गुणवत्ता को सीधे-सीधे प्रभावित करती है।

क्रोध पर काबू पाने के लिए अपने व्यक्तित्व के अंधकारमय पहलू पर ग़ौर करना चाहिए। आत्मज्ञान और अंतर्दृष्टि की शक्ति संघर्षों के समाधान के लिए आवश्यक है।

अगर आपकी किसी से बहस हो जाए तो शांति से सुनिए। आपका संपूर्ण अविभाजित ध्यान वह महानतम उपहार है जो आप उन्हें दे सकते हैं। जिस इंसान को लगता है कि उसे वास्तव में सुना जा रहा है वह तनावमुक्त होने लगता है। जिन लोगों ने आपको क्रोधित किया हो या आपका अपमान किया हो उनके प्रति सम्मान का भाव बनाए रखें। इसके लिए स्वयं को दिमाग के बदले हृदय पर केन्द्रित करें क्योंकि हृदय जानता है कि अंतर्निहित कारणों को कैसे समझा जाए।

क्रोध आपको आगे बढ़ाने में सहायक हो सकता है। यह आपको तब ऊपर उठने में मदद कर सकता है जब अन्य हर चीज़ नाकाम हो जाए। अपने क्रोध की लगातार सफ़ाई करें। क्रोध की जगह प्रेम को काम करने दें।

प्रेम ही सब कुछ है

सतीश कुमार

सतीश कुमार के बारे में

पूर्व संन्यासी और लंबे समय से शांति और पर्यावरण के क्षेत्र में सक्रिय रहे सतीश कुमार पिछले पचास वर्षों से चुपचाप वैश्विक स्तर पर बदलाव के लिए एक कार्यावली का समायोजन कर रहे हैं। जब वे 9 वर्ष के थे तब उन्होंने अपना घर-परिवार छोड़ दिया और भ्रमणरत जैन साधुओं के गुट में शामिल हो गए। जब वे 18 वर्ष के हुए तो उन्हें लगा कि सांसारिक जीवन में अधिक सफलता हासिल हो सकती है। अतः लौटकर भारत में 'भूमि सुधार' अभियान में सक्रिय होकर गाँधीजी के नवभारत का स्वप्न और एक शांतिपूर्ण विश्व की कल्पना को साकार करने में लग गए।

उम्र के दूसरे दशक के प्रारंभिक वर्ष सतीश कुमार ने 8000 मील लंबी शांति तीर्थ यात्रा में बिताए। बिना पैसों के केवल अजनबियों की दया व अतिथि भाव पर निर्भर हो, उन्होंने भारत से अमरीका तक की यात्रा मॉस्को, लंदन, पैरिस होते हुए पैदल तय की और विश्व के तत्कालीन चार आणविक ताक़तों के नेताओं को विनम्रतापूर्वक 'शांति की चाय' (पीस टी) के एक-एक पैकेट भेंट किए।

सन् 1973 में सतीश यूनाइटेड किंगडम में बस गए और उन्होंने 'रिसर्जन्स' पत्रिका के संपादन का कार्य अपने हाथों में लिया जिसे वे आज तक निभा रहे हैं। इस कालावधि में उन्होंने कई वरिष्ठ अंतर्राष्ट्रीय पारिस्थितिकीय व शैक्षिक उपक्रमों का मार्गदर्शन किया जिनमें साउथ देवोन का 'शूमाकर कॉलेज' भी शामिल था जिसमें वे अभी तक विज़िटिंग फ़ेलो की हैसियत से जा रहे हैं। अपनी उम्र के पचासवें वर्ष में उन्होंने एक और तीर्थयात्रा की और इस बार भी वे खाली हाथ गए। उन्होंने 2000 मील की यात्रा करते हुए ब्रिटेन के पवित्र स्थलों का दर्शन किया। इसे वे जीवन और प्रकृति के प्रति अपने प्रेम का उत्सव मानते हैं।

उनकी आत्मकथा 'नो डेस्टिनेशन' सन् 1978 में प्रकाशित हुई। उनकी अन्य किताबें हैं 'यू आर, देयरफोर आइ एम – अ डिक्लरेशन ऑफ़ डिपेंडेंस', 'द बुद्धा एंड द टेररिस्ट' और 'अर्थ पिल्ग्रिम।'

सतीश नियमित रूप से प्रकाशन मीडिया, रेडियो, वृत्तचित्र और टीवी के कार्यक्रमों में आते हैं। वे 'अवर फ़्यूचर प्लानेट' के सलाहकार मंडल में हैं और RSPCA के उपाध्यक्ष हैं। वे 'रेवेरेंशिअल इकोलॉजी', समग्र शिक्षण एवं इच्छित सरलता जैसे विषयों को सिखाते हैं तथा उन पर कार्यशालाएँ चलाते हैं और बहुत ही लोकप्रिय वक्ता हैं।

"अगर मेरे पास पहाड़ों को हिला सकने वाला विश्वास है
लेकिन प्रेम नहीं है तो मैं कुछ भी नहीं हूँ।"
—कोरिंथियंस, द बाइबिल

प्रेम क्या है?

जीवन प्रेम का एक परिदृश्य है और प्रेम जीवन का उत्सव। प्रेम साधन है और प्रेम ही अंत भी। प्रेम ही हमारा मार्ग है और यही हमारा गंतव्य भी है। प्रेम करने का कोई तरीक़ा नहीं है – प्रेम ही तरीक़ा है और उसका ध्येय भी प्रेम है। प्रेम हमारे अस्तित्व का एक तरीक़ा है। यह जीवन जीने का तरीक़ा है।

जब हम प्रेम में होते हैं तो हर समय प्रेम में ही डूबे रहते हैं। हम हर पल प्रेम में होते हैं। जिस पल हम जाग उठते हैं, हम एक-दूसरे के साथ और जीवन के साथ प्रेम में पड़ जाते हैं। प्रेम में पड़ जाना एक दिन की घटना नहीं है बल्कि यह प्रतिदिन होने वाली घटना है। प्रेम कभी ख़त्म नहीं होता। प्रेम हमेशा रहता है। प्रेम के रहस्य हमें हमेशा मंत्रमुग्ध करते हैं। यह प्रेम की खातिर प्रेम है। इसके लिए कोई अन्य प्रेरणा नहीं है। प्रेम तर्क नहीं है। प्रेम शुद्ध जादू है। प्रेम शुद्ध कविता और शुद्ध आनंद है।

प्रेम पवित्र है। प्रेम असीमित है और इसकी कोई शर्त नहीं। स्वयं को प्रेम के बहाव में बह जाने दें। जब आपका प्रियतम परिपूर्ण नहीं हो, फिर भी उसे प्रेम करना ही सच्चा प्रेम है। किसी ऐसे व्यक्ति से प्यार करना आसान है जो अच्छा और परिपूर्ण है। लेकिन सच्चा प्रेम उन लोगों से भी प्यार करना है जो इतने अच्छे नहीं हों। प्रेम करना यानी आलोचना, शिकायत और तुलना करने से मुक्त होना है। सार्वभौमिक प्रेम का अभ्यास करने का तात्पर्य यह पहचानना है कि जो लोग बुरा व्यवहार करते हैं वे ऐसा इसलिए करते हैं क्योंकि उन्हें प्रेम नहीं मिला है। डब्लयू.एच.ऑडेन इससे भी आगे जाकर कहते हैं, "जिनके साथ बुरा किया जाता है वे बदले में बुरा ही करते हैं।" जिन्हें प्रेम किया जाता है वे बदले में प्रेम करते हैं। आइए हम प्रेम की बरसात बनाएँ और सभी प्राणियों का पोषण करें। केवल प्रेम से ही हम दूसरों को प्रेम करना सिखाते हैं।

जब ईसामसीह ने कहा, "अपने शत्रु से प्रेम करो" तो उन्होंने इसे यूँ ही नहीं कहा। वे बहुत गम्भीरता से कह रहे थे। उनका मानना था कि 'अमोर विन्सिट ओमनिया', जिसका अर्थ है "प्रेम सभी को जीत लेता है।" प्रेम से, शत्रु भी मित्र बन जाता है। प्रेम ग़लत कामों का कोई हिसाब नहीं रखता। प्रेम कमज़ोर दिल वालों का रास्ता नहीं है। प्रेम के लिए साहस की आवश्यकता होती है – दूसरे गाल को सामने करने का साहस। प्रेम करना बहादुर होना है। प्रेम गीत गाएँ और आपकी सभी चिंताएँ और दुःख भाग जाएँगे! प्रेम के परमानंद में जिएँ। तभी प्रेम आपको सुरक्षित रखेगा।

स्वीकृति के रूप में प्रेम

स्वयं को हर रूप में स्वीकारना और दूसरे को भी जैसा वह है वैसा स्वीकार करना ही प्रेम है – बिना किसी अपेक्षा के, भेदभाव और योग्यता के स्वीकारना। जो प्रेम अपेक्षाओं से मुक्त होता है उसे किसी निराशा का सामना नहीं करना पड़ता। यानी प्रेम मीठे के साथ कड़वे, प्रकाश के साथ अँधेरे, ख़ुशी के साथ दर्द को समभाव के साथ स्वीकार करना है। जिस क्षण हम अपने हृदय में प्रेम लाते हैं हम भ्रम को कल्पना में और द्वंद्व को एकता में बदल देते हैं। हम पसंद और नापसंद से परे हो जाते हैं और जीवन की उसी रूप में सराहना करते हैं जैसा वह है। जब हम प्रेम का मीठा अमृत पीते हैं तो परिवर्तन होता ही है। जैसा कि सूफ़ी कवि जलालउद्दीन रूमी ने कहा,

प्रेम से, कड़वाहट मीठी हो जाती है;
प्रेम से, तांबा सोना बन जाता है;
प्रेम से, तलछट स्पष्ट हो जाते हैं;
प्रेम से, दर्द उपचार बन जाता है।
यही प्रेम की परिवर्तनकारी शक्ति है।

प्रेम करने का अर्थ है ईश्वर को देखना, क्योंकि ईश्वर ही प्रेम है और प्रेम ही ईश्वर है। आध्यात्मिक लोगों और सूफ़ी कवियों के लिए भगवान प्रियतम और प्रियतम भगवान के रूप में प्रकट होते हैं। पृथ्वी पर सबसे बड़ा धर्म प्रेम है। प्रेम सभी गुणों की जननी है। शांति और करुणा, उदारता और विनम्रता प्रेम से ही उत्पन्न होती हैं। प्रेम तेजस्वी और शानदार है। जहाँ प्रेम है वहाँ आशा है। प्रेम करें और हर्षित हों।

स्वयं से प्रारम्भ करें

प्रेम की इस यात्रा को हम कहाँ से शुरू करें? हम इसे स्वयं से शुरू करते हैं। ईसामसीह ने कहा, "अपने पड़ोसी से उतना ही प्रेम करो जितना स्वयं से करते हो।" यहाँ "स्वयं" शब्द इसकी कुँजी है। आप जैसा स्वयं से प्रेम करते हैं दूसरों से भी वैसा ही प्रेम करें। "दूसरा" केवल स्वयं का विस्तार है। अपने "स्व" से प्रेम करना स्वार्थी होना नहीं है! यदि आप स्वयं से प्रेम नहीं कर सकते तो आप किसी और से प्रेम कैसे कर सकते हैं? और आपसे कोई अन्य भी प्रेम करे ऐसी उम्मीद भी क्यों रखनी चाहिए?

आप जैसे हैं वैसा स्वयं को स्वीकार करना और प्रेम करना, ये दूसरों से प्रेम करने के लिए आवश्यक शर्तें हैं – फिर वे चाहे जैसे हों और कोई भी हों। हम एक-दूसरे से बने हैं।

प्रेमी न कोई दोष देते हैं और न ही दोष निकालते हैं। प्रेमी कोई दुश्मनी नहीं करते, कोई दुश्मन नहीं बनाते और उनका कोई भी दुश्मन नहीं होता। दुश्मनी नफ़रत का परिणाम है और दोस्ती प्यार का परिणाम है। जैसा कि मधुमक्खियाँ फूलों से प्यार करती हैं और शहद का उत्पादन करती हैं उसी तरह प्रेमी एक-दूसरे से प्रेम करते हैं और ख़ुशी बिखेरते हैं। प्रेम जीवन का उद्देश्य है और प्रेम के माध्यम से ही हम जीवन का अर्थ पाते हैं।

जीने का अर्थ है प्रेम करना और प्रेम करना यानी जोख़िम उठाना भी है – आहत होने का ख़तरा उठाना, बदले में प्यार न किए जाने की सम्भावना का ख़तरा उठाना। हमारा भी कोई प्रियतम हो ऐसा चाहने की बजाए बस स्वयं एक प्रेमी बन जाएँ। किसी प्रियतम का होना भी प्रेमी होने का परिणाम है।

प्रेम आत्मा को जागृत करता है, प्रेम हृदय को पोषित करता है और प्रेम ही हमारे जीवन में आनंद लाता है। प्रेम मन का सबसे सुंदर मंत्र है। प्रेम का मरहम सभी घावों को भर देता है – क्रोध और चिंता के घाव, भय और आक्रोश के घाव।

अपने आप से प्रेम, अपने प्रियतम से प्रेम, लोगों से प्रेम और प्रकृति से प्रेम एक निरंतर प्रवाह है। हमें स्वयं और दूसरों के प्रति दयालु होना चाहिए ताकि

किसी को भी तकलीफ़ न हो और हर कोई प्रेम के आनंद का अनुभव कर सके।

प्रेम हमारे लिए उतना ही स्वाभाविक है जितना कि साँस लेना। रूमी कहते हैं, "आपका काम प्रेम की तलाश करना नहीं है बल्कि केवल अपने भीतर उन सभी बाधाओं को खोजना और पता लगाना है जो आपने प्रेम के विरुद्ध बनाई हैं।"

यह सर्वव्यापी प्रेम कई माध्यमों से प्रकट होता है जैसे कि भाषाविज्ञान (सीखने के लिए प्रेम), दर्शनशास्त्र (ज्ञान-प्राप्ति के लिए प्रेम) और परोपकार (लोगों के लिए प्रेम)।

अधिक अंतरंग रूप से हम कामुक प्रेम का अनुभव करते हैं। कितना सुंदर है प्यार में पड़ना और अपने प्रिय के आग़ोश में होना! "आई लव यू" पूरी अंग्रेज़ी भाषा में सबसे शक्तिशाली और सबसे सुंदर वाक्य है। प्रेम में पड़ना एक ऐसी घटना नहीं है जो जीवन में केवल एक ही बार होती है। यदि हम चाहें तो हम हर दिन प्रेम में पड़ सकते हैं – हम ऐसा कर सकते हैं और हमें करना चाहिए, यहाँ तक कि एक ही प्रियतम के प्रेम में पड़ना चाहिए। एक से प्रेम करके हम सभी को प्रेम करते हैं। प्रेम में होना एक चमत्कार है। हम प्रेम करने की वजह से पैदा हुए हैं। हर कोई प्रेम से उत्पन्न एक शिशु है। इस संसार में कोई आदि पाप नहीं है, केवल आदि प्रेम है।

कवि, कलाकार और आध्यात्मिक लोग शारीरिकता से, भावनात्मकता से, कल्पनाशीलता से व आध्यात्मिकता से रूमानी प्रेम के आनंद का अनुभव करते हैं। रूमानी कविता और कला एक-दूसरे के साथ, प्रकृति के साथ और लोगों के साथ हमारे दिल के सम्बन्ध का गुणगान करती है। प्रेम हमें तर्क से परे, बुद्धि से परे और वर्णन से परे ले जाता है। यह हमें ऐसी जगह पर ले जाता है जो सही और ग़लत से परे है – नेकी और उदारता की जगह। यह जीवन का गहरा प्रेम है। हमें केवल प्रेम की ज़रूरत है क्योंकि प्रेम ही सब कुछ है। प्रेम ही हर प्रश्न का उत्तर है। आपका प्रश्न क्या है?

सतीश के सुझाव

प्रेम एक रोज़मर्रा की घटना है। जब आपका प्रियतम परिपूर्ण न हो, फिर भी उसे प्रेम करना ही सच्चा प्रेम है। आलोचना करने, शिकायत करने और तुलना करने से बचें। प्रेम अपेक्षा, निर्णय या योग्यता के बिना की जाने वाली स्वीकृति है।

प्रेम करके ही आप दूसरों को सिखा पाएँगे कि प्रेम कैसे करें।

प्रेम सभी गुणों की जननी है। प्रेम करने का अर्थ है, सभी में ईश्वर को देखना।

स्वयं से शुरुआत करें। अपने आप को वैसे ही स्वीकार कर लें जैसे कि आप हैं।

क्रोध का सकारात्मक पहलू

रूबी कार्मेन

रूबी कार्मेन के बारे में

रूबी हार्टफुलनेस संस्था की एक प्रमाणित ध्यान प्रशिक्षिका हैं। उनकी शैक्षिक पृष्ठभूमि के अनुसार वे यूनिवर्सिटी ऑफ़ स्ट्रैथक्लाइड से मनोविज्ञान में ऑनर्स व समाज शास्त्र की स्नातिका हैं और उन्होंने यूनिवर्सिटी ऑफ़ केम्ब्रिज से मनोविज्ञान व शिक्षा, इन दो विषयों में M.Ed की डिग्री हासिल की है। वे ब्रिटिश साइकोलॉजिकल सोसाइटी की सदस्या हैं और उनके व्यावसायिक जीवन का मुख्य केन्द्र अल्पसंख्यक जातियों और शरणार्थियों के साथ कार्य करना रहा है जिसमें मानसिक स्वास्थ्य को प्रधानता दी गई है। वर्तमान में वे ध्यान के माध्यम से आत्मविकास तथा व्यक्तिगत एवं सामूहिक स्वास्थ्य को बेहतर करने के प्रशिक्षण में व्यस्त हैं। वे हिंदी, उर्दू, पंजाबी, फ़्रेंच, जर्मन और अंग्रेज़ी भाषाओं की जानकार हैं।

एक मनोवैज्ञानिक परिप्रेक्ष्य

क्रोध से हम सब अच्छी तरह से परिचित हैं। यह बुनियादी मानवीय भावनाओं में से एक है। अधिकतर लोग दूसरों में इस भावना को आसानी से पहचान लेते हैं लेकिन जब ख़ुद में इस भावना को पहचानने की बात आती है तो मामला थोड़ा जटिल हो जाता है। क्रोध प्रकट करने के स्वीकृत तरीक़ों पर हमारी सामाजिक और सांस्कृतिक सोच का बहुत बड़ा हाथ है।

व्यक्तिगत तौर पर मैंने क्रोध को हरदम एक तकलीफ़ देने वाले दोस्त के रूप में देखा है या यूँ कहिए कि एक दुश्मन के रूप में पाया है। लेकिन जब मुझे क्रोध आता है तो मैं उससे पूछती हूँ, "तुम क्यों आए हो और मुझे क्या सिखाना चाहते हो?" पर अपनी कहानी साझा करने से पहले मैं क्रोध के कुछ मनोवैज्ञानिक पहलुओं की जाँच करना चाहती हूँ क्योंकि आध्यात्मिकता की तरह मनोविज्ञान भी मेरे जीवन का एक अभिन्न हिस्सा है।

1970 के दशक में एकमैन[28] जैसे शोधकर्ताओं और मनोवैज्ञानिकों ने छः मूलभूत भावनाओं को पहचाना। उनमें से एक क्रोध था और बाकी पाँच थे – ख़ुशी, दुःख, डर, घृणा और आश्चर्य। इस सूची को देख कर आपको कोई आश्चर्य नहीं हो रहा होगा। प्लूशिक जैसे अन्य सिद्धांतवादी और मनोवैज्ञानिकों ने भावनाओं का एक 'इंद्रधनुषी-चक्र' वाला प्रस्ताव रखा जिसमें उग्रता की अलग-अलग स्तर में मिलीजुली भावनाएँ हैं। मेरे अनुभव में भावनाओं के इस जटिल इंद्रधनुष से हम सब अच्छी तरह से परिचित होते हैं क्योंकि किसी भी परिस्थिति में हमारी भावनाएँ अक्सर मिलीजुली होती हैं। उदाहरण के तौर पर, हम किसी से प्रेम करते हों फिर भी उसके व्यवहार से चिढ़ सकते हैं।

[28] एकमैन, P., 1999. बेसिक इमोशंस. T. डॉलिश & M. J. पॉवर (Eds.), हैंडबुक ऑफ़ कॉग्निशन एंड इमोशन, Editors: T. डॉलिश & M. J. पॉवर, pp. 45–60. जॉन विली & संस Ltd.

मानवीय भावनाओं को समझाने के लिए कई सिद्धांत हैं लेकिन उन सबका यहाँ उल्लेख करने का मेरा कोई इरादा नहीं है। कुछ सिद्धांत विकासवादी हैं, कुछ शरीर-सम्बन्धी हैं और कुछ संज्ञानात्मक हैं। रिचर्ड लज़ारस[29] नामक सिद्धांतवादी ने भावनाओं के संज्ञानात्मक मूल्यांकन के बारे में एक सिद्धांत विकसित किया। उसने कहा कि हर भावना के साथ एक क्रम या कड़ी जुड़ी होती है – पहले एक प्रेरणा (स्टिमुलस), फिर एक विचार जो साथ ही साथ एक शारीरिक प्रतिक्रिया और भावना को जन्म देता है।

हाल ही के वर्षों में यौगिक दर्शनशास्त्र[30] सहित अन्य विचार धाराओं में भावनाओं के इर्द-गिर्द यह चर्चा हो रही है कि भावनाएँ सिर्फ़ "सूचना" ही नहीं अपितु "ऊर्जा" भी हैं। हमारी भावनाएँ, चाहे वे कितनी भी आंतरिक और सच्ची क्यों न लगें, सिर्फ़ "सूचना" होती हैं और यह ज़रूरी नहीं कि वे वास्तविक भी हों। साधारणतया वे किसी बाह्य या अंदरूनी उत्तेजक के प्रत्युत्तर में होने वाली प्रतिक्रिया होती हैं। हमारे ख़ुद के विचार भी कई बार एक आंतरिक उत्तेजक का काम करते हैं। इसलिए एक घटना अपने आप में "निष्पक्ष" हो सकती है लेकिन हमारी सोच उसे "अच्छा" या "बुरा" बना देती है जो हमारे पूर्वजों और तितिक्षावादी दर्शनशास्त्रियों की सलाह को ही प्रतिध्वनित करती है।

अगर हम ख़ास तौर पर क्रोध की बात करें तो यह एक बहुत ही शक्तिशाली भावना है जो हमारी "लड़ो या भागो" अथवा "डर के मारे स्थिर होने" जैसी प्रतिक्रियाओं से सम्बन्धित है। इस भावना की अन्य विशेषताएँ हैं बेचैनी, बैर, कुंठा और ख़तरे (चाहे ख़तरा असली हो या काल्पनिक) का आभास होने पर होने वाली प्रतिक्रिया। इसके अलावा जब कभी ख़तरे का आभास होता है तब क्रोध उस ख़तरे से जूझने या बचने का एक साधन बन जाता है जिसके ज़रिए हम अपनी या औरों की रक्षा कर सकते हैं। इस दृष्टिकोण से देखा जाए

[29] लज़ारस, R. S., 2000. कॉग्निटिव-मोटिवेशनल-रिलेशनल थ्योरी ऑफ़ इमोशन। इमोशंस इन स्पोर्ट्स, एडिटर Y.L. हैनिन, pp. 39–63. ह्यूमन काइनेटिक्स।

[30] पटेल, K.D., 2019. योगिक साइकोलॉजी। हार्टफुलनेस , Vol. 4, 12. सहज मार्ग स्पिरिचुअलिटी फाउंडेशन, इंडिया।

तो हमारा क्रोध हमें परिस्थितिनुसार कुछ आवश्यक व सक्रिय कदम उठाने के लिए विवश करता है।

हमारा क्रोध तब समस्या बन जाता है जब यह किसी परिस्थिति के अनुकूल कार्यवाही करने की बजाए एक यंत्रवत् प्रतिक्रिया बन जाता है। जब यह समस्या बन जाता है और दबा हुआ क्रोध एक विषैले प्रकोप में बदल सकता है तब हम 'क्रोध को काबू में' करने की बात करते हैं।

मेरी कहानी

कई वर्षों की ध्यान साधना और स्वयं पर काम करने[31] के बाद मैंने यह जाना कि जिस वर्षों पुराने क्रोध को मैंने दबा कर रखा था वह अब तीव्र हो चुका था या शायद शुद्ध प्रकोप में बदल चुका था। इस बात ने मुझे अचंभित कर दिया बिलकुल एक बिन बुलाए, अप्रिय और अनचाहे मेहमान की तरह। एक दीर्घकालीन बीमारी की चिकित्सा के लिए किए गए ऑपरेशनों के कारण मेरी असामयिक रजोनिवृत्ति हो गई थी। इस बड़े परिवर्तन और मुझमें आए कुछ शारीरिक और हॉर्मोनल बदलावों की वजह से क्रोध अधिक तीव्रता से मेरे अंदर घर करने लगा और कभी-कभी बिलकुल अनपेक्षित समय पर व्यक्त होने लगा। मैं इस बात से इतनी परेशान रहने लगी कि इसका असर मेरी नींद पर भी होने लगा। मैं क्रोध के इस तेज़ प्रकोप से जूझने में अपने आप को असमर्थ पा रही थी।

संज्ञानात्मक मनोविज्ञान के सारे सिद्धांत और व्याख्या मुझे बेकार और व्यर्थ लगने लगे। क्योंकि मेरा विचार था कि मनोविज्ञान का सारा ज्ञान, समझ, साधन, आध्यात्मिक विधियाँ और समस्या से जूझने की सारी तरकीबें जो मैंने बीते हुए कुछ वर्षों में अपनाई थीं उनमें से आख़िर कुछ तो मेरे काम आएँगी। लेकिन वास्तव में ऐसा कुछ नहीं हुआ और इस विषय पर मैं बाद में लौटूँगी।

[31] पटेल, K.D. और J. पोलॉक, 2018. द हार्टफुलनेस वे : आध्यात्मिक रूपांतरण के लिए हृदय-आधारित ध्यान। न्यू हर्बिंगर, USA.

ज़्यादातर संस्कृतियों में अभी कुछ समय पहले तक क्रोध को एक नकारात्मक भाव से देखा जाता था। अब हमने यह जाना है कि क्रोध न सिर्फ़ रचनात्मक बल्कि परिवर्तनकारी भी होता है। यह इस बात पर निर्भर करता है कि हम क्रोध की भावना का कैसे उपयोग करते हैं? जब हम औरों को या ख़ुद को नुकसान पहुँचाते हैं तब हम इसे "नकारात्मक" कहते हैं। लेकिन जब हम स्वयं को बदलने के लिए इसका रचनात्मक रूप से उपयोग करते हैं तब यह हमारे परिवर्तन के लिए एक मुख्य स्त्रोत साबित होता है। इस तरह से देखा जाए तो क्रोध एक तरह से "सूचना" का काम करता है। यह जताता है कि कहीं कुछ ठीक नहीं है और हमें उस पर ध्यान देना होगा। हमारे विकास के लिए इसका बदलना ज़रूरी है।

इस तरह से क्रोध परिवर्तनकारी है और हमें ख़ुद को ढालना भी सिखाता है। हमारे नियंत्रण या प्रभाव-क्षेत्र में हम जो बदल सकते हैं वह है – स्वयं को। मेरे पिछले कई वर्षों की आध्यात्मिक साधना के दौरान और मानसिक व भावनात्मक स्वास्थ्य के क्षेत्र में काम करते हुए यह बात मेरे सामने बार-बार उभर कर आई है। हम सिर्फ़ ख़ुद को और अपनी प्रतिक्रियाओं को बदल सकते हैं।

मैंने जाने-अनजाने अपने जीवन के अधिकांश हिस्से को क्रोध से बचाए रखा और इसलिए मैं क्रोध और गुस्सैल लोगों से ख़ुद को दूर रखती हूँ। कुछ हद तक इसका कारण मेरे भावनात्मक रूप से अपरिपक्व और निन्दक पालक के साथ बिताया समय है। बचपन से ही मेरे जीवन का मक़सद शांति बनाए रखना था और इसके साथ ही मेरे अंदर संतुलन, तालमेल और शांति की तीव्र इच्छा थी। साथ ही साथ मैं दस साल तक जिस बहु-सांस्कृतिक परिवेश में रही उसने भी क्रोध के साथ मेरे सम्बन्ध को निर्धारित किया। मैं जिस द्वि-सांस्कृतिक परिवेश में रहती थी वहाँ एक जवान लड़की का क्रोधित होना स्त्री सुलभ व्यवहार नहीं था।

इस तरह के लैंगिक और सामाजिक बेड़ियों के चलते मेरा क्रोध तब तक अव्यक्त, उपेक्षित और अनकहा रहता जब तक कि उसे और अधिक दबा कर रखना असम्भव नहीं हो जाता। मैं अपने करीबी मित्रों से मज़ाक में कहा करती थी, "मैं एक गुस्सैल इंसान नहीं हूँ लेकिन जब मुझे क्रोध आता है तो

जैसे ज्वालामुखी फट पड़ा हो।" अत्यंत विस्फोटक, अल्पकालिक और भावशामक शायद मेरे क्रोध का सबसे अच्छा विवरण है।

विचारों की भूमिका

कुछ मनोवैज्ञानिकों और सिद्धांतवादियों का मानना है कि क्रोध दूसरों से प्राप्त की गई भावना है। वे मानते हैं कि भय, शोक या दर्द जैसी भावनाएँ क्रोध से पहले आती हैं और क्रोध तब आता है जब किसी उत्तेजक विचार के साथ किसी प्रकार का दर्द सामने आ जाए। इस दायरे में अब हम विचारों की भूमिका को परखेंगे।

क्या हमारे विचार क्रोध को उत्पन्न करते हैं? पुरातन काल से तितिक्षावादी दार्शनिकों और भारतीय योगियों ने यही कहा है कि बाहरी कारण की कोई भूमिका नहीं होती। बल्कि हमारी सोच और बाद में होने वाली प्रतिक्रिया क्रोध उत्पन्न करती है। अगर इस नज़रिए से देखा जाए तो किसी परिस्थिति को नकारात्मक, हानिकारक या भयंकर मानने की बजाए अपनी सोच बदल दें तो क्या हमारा क्रोध कम हो जाएगा? क्या हम क्रोध के बदले आत्म सहानुभूति और करुणा को उत्प्रेरक बना सकते हैं? यकीनन मानवीय स्तर पर यह भावनात्मक श्रम है लेकिन अगर हम अपने स्वास्थ्य पर क्रोध के असर को नफ़ा-नुकसान के नज़रिए से देखें तो हम कह सकते हैं कि इस पर काम करना लाभदायक होगा।

मुझे एक उद्धरण याद आ रहा है जो लोकानुसार भगवान बुद्ध ने कहा था लेकिन हक़ीक़त में यह AA के 12-चरण प्रोग्राम से है, "अपने क्रोध को पकड़े रखना ऐसा ही है जैसे कि स्वयं ज़हर पी कर सामने वाले के मरने की उम्मीद करना।"

यहाँ पर "पकड़े रखना" महत्वपूर्ण है। जैसे कि पहले कहा गया कि क्रोध मददगार भी हो सकता है और हमारे बदलाव के लिए प्रोत्साहन या उत्प्रेरक भी बन सकता है। उदाहरण के लिए अपने बॉस या साथियों द्वारा बार-बार प्रताड़ित किए जाने पर अपनी नौकरी से मन उचट जाने पर नौकरी छोड़ देना।

कई वर्षों बाद मैंने जाना कि मैं भी अपने भीतर ढेर सारा गुस्सा, दर्द और पीड़ा दबाए हुए थी जो मुझे हानि पहुँचा रहे थे और मेरे दीर्घकालीन दर्द को बढ़ा रहे थे। यह एहसास मुझे रातोंरात नहीं हुआ बल्कि इसका खुलासा धीरे-धीरे हुआ और अब भी हो रहा है। एक वक़्त ऐसा आया कि मैं जीवन के उस पड़ाव पर पहुँची जब क्रोध को और अधिक समय तक अपने भीतर दबा कर नहीं रख सकी। मैं उस तरह से और नहीं जी सकती थी। आत्माभिव्यक्ति, पूरी ईमानदारी व सच्चाई मेरे लिये बेहद आवश्यक और महत्वपूर्ण हो गए। सच्चाई की अभिव्यक्ति के लिए क्रोधित होना और उससे भी ज़्यादा उस क्रोध को स्वीकारना कि "हाँ, यह भी मेरा ही हिस्सा है" बहुत ज़रूरी था। तभी मैं आंतरिक रूप से स्वस्थ हो सकती थी।

निष्पक्षता हमारी प्रवृत्ति है

प्राचीन काल के दार्शनिकों की नज़र में क्रोध इच्छा से जुड़ा उन्माद था जो अक्सर बदले की भावना से आता था ख़ासकर तब, जब किसी व्यक्ति को लगता था कि उसके साथ कुछ ग़लत हुआ है या पक्षपात हुआ है। मुझे यकीन है कि हम सभी को ऐसा वक़्त याद होगा जब हमने न्यायसंगत क्रोध को महसूस किया था, "उसकी हिम्मत कैसे हुई कि वह इस तरह की बात करे या व्यवहार करे!" आधुनिक मनोविज्ञान इससे सहमत है – हम मानते हैं कि कोई "नियम" तोड़ा गया है। अपने या औरों के बारे में राय कायम करते वक़्त सही-ग़लत या अच्छा-बुरा जैसे द्वंद्वों का असर दिखने लगता है। इसमें मेरे लिए और एक शिक्षा है क्योंकि कई बार अचानक से ही ख़ुद के बारे में राय कायम करने वाले उठते विचारों के प्रति अब मैं बहुत ही सचेत रहती हूँ।

अगर इस विश्लेषण को माना जाए तो क्रोध अन्याय की उत्पत्ति है। अन्याय के साथ ख़तरे या भविष्य में हो सकने वाली हानि का आभास भी होता है और फिर क्रोध व भय एक-दूसरे में मिल जाते हैं। हाल ही में तंत्रिका वैज्ञानिकों (न्यूरोसाइंटिस्ट) ने सुझाया है कि हम मनुष्य न्याय के लिए पूर्वाग्रही होते हैं और इसलिए अन्याय का आभास होते ही उसका सक्रिय विरोध करते हैं। यह एक दिलचस्प दृष्टिकोण है और मानवजाति का एक सकारात्मक पहलू दर्शाता है कि हम स्वाभाविक रूप से सामाजिक प्राणी हैं।

मेरी पसंदीदा क्रोध-युक्तियाँ

चाहे हम क्रोध को एक बुनियादी भावना मानें या दूसरों से प्राप्त की गई भावना, लेकिन यह देखना बहुत महत्वपूर्ण है कि अपने रोज़मर्रा के जीवन में हम इससे कैसे जूझते हैं। इसके लिए एक व्यावहारिक दृष्टिकोण आवश्यक है। यहाँ मैं कुछ ऐसी युक्तियों का उल्लेख कर रही हूँ जो मेरे लिए बहुत ही कारगर सिद्ध हुई हैं –

सहज करुणा – करुणा औरों के लिए और ख़ासकर स्वयं के लिए। ख़ुद के प्रति करुणा महसूस करना एक सतत प्रयास है जब तक कि यह एक सहज और आसान प्रक्रिया न बन जाए।

जब मैं क्रोधित होने लगती हूँ, चाहे वह किसी कारणवश हो या अनायास, तब मैं कुछ पल का विराम लेकर यह जानने की कोशिश करती हूँ कि "इस समय क्या ज़रूरी है?" पूरे दिल से यह जानने की कोशिश करना या सिर्फ़ विराम लेना भी काफ़ी फ़ायदेमंद होता है। यह 'कॉग्निटिव बिहेवियरल थेरेपी' की तकनीकों, जैसे स्व-नियंत्रण, स्व के प्रति जागरूकता, संज्ञानात्मक दुराव और "मुल्तवी करना" यानी प्रतिक्रिया देने से पहले क्रोध के कम होने का इंतज़ार करना (जैसे गुब्बारे से हवा का निकलना), एक आवश्यक भाग है।

श्वसन के अभ्यास इसमें सहायक होते हैं एवं मुझे एक संतुलित अवस्था में आने में मदद करते हैं और 'लड़ो या भागो' की प्रतिक्रिया से बचाते हैं।

"प्रतिक्रिया देने से पहले क्रोध के कम होने का इंतज़ार" करने के सिद्धांत का इजाद पाइथागोरियन्स ने किया था। सदियों बाद इसे तितिक्षावादी दार्शनिकों ने अपनाया और अब वर्तमान समय में इसका उपयोग मनोचिकित्सक भी करते हैं।[32]

[32] रॉबर्ट्सन, D., 2020. हाउ टू थिंक लाइक अ रोमन एम्परर : द स्टोइक फ़िलॉसोफ़ी ऑफ़ मार्कस औरेलियस. St. मार्टिन'स प्रेस।

क्रोध को काबू में करने के तरीक़ों में हरदम यह सलाह दी जाती है कि 'अपने और क्रोध के उत्तेजकों के बीच दूरी बनाए रखें।' क्रोध से पैदा हुए हमारे विचारों, भावनाओं व एहसासों को शांत करने में प्रकृति की सैर और उसमें ख़ुद को खो देने से मदद मिलती है। लॉकडाउन के महीनों में अपने घर के आसपास घूमते हुए मैंने प्रकृति की खूबसूरती को सराहने का वक़्त निकाला। पेड़ों, फूलों, बत्तख़ों, पहाड़ों व आसमान को सराहना और अपने चेहरे पर सूरज की किरणों को महसूस करना मेरे लिए एक अमूल्य अनुभव रहा है।

महामारी के दौरान मैं "हार्टफुल कम्युनिकेशन" और "नॉन वायलेंट कम्युनिकेशन" (NVC) की ट्रेनिंग लेने लगी और तब स्वाभाविक करुणा तथा स्वयं को व अन्य लोगों को स्वीकारने की जो बातें मैंने पहले कही हैं, उन्हें समझने में मुझे बहुत मदद मिली। NVC के संस्थापक मार्शल रोज़ेनबर्ग ने क्रोध के बारे में कुछ ऐसा कहा है[33], "अगर हम अपने क्रोध को पूरी तरह से प्रकट करना चाहते हैं तो हमें सबसे पहले सामने वाले को ख़ुद के क्रोध की ज़िम्मेदारी से अलग करना पड़ेगा।" मतलब ख़ुद की भावनाओं, ज़रूरतों और आकांक्षाओं की पूरी ज़िम्मेदारी लेना और दूसरों को दोष देने से बचना। NVC में एक कहावत है, "गेट क्यूरियस नॉट फ्यूरियस" यानी "जिज्ञासु बनो क्रोधित नहीं।" यह हमारी चेतना में बदलाव लाने का आमंत्रण है ताकि हम संवेदना और करुणा का नित्य उपयोग करें व ख़ुद को औरों में देख सकें – "मुझे और उन्हें" नहीं सिर्फ़ "हमें।"

मैं अपने भीतर मौलिक स्वीकृति, समानुभूति और करुणा के भावों को विकसित करने की आकांक्षा रखती हूँ लेकिन यह कार्य अभी प्रगति पर है। एक अंदरूनी परिवर्तन ज़रूर है और शायद इसे मेरे रवैये में परिवर्तन भी कह सकते हैं। अब मैं क्रोध से भयभीत नहीं होती बल्कि उसे स्वीकारने लगी हूँ। क्रोध हमारे जीवन का हिस्सा है और मुझे किसी भी समय या बात पर क्रोध आ सकता है – शायद हर दिन ही आ जाए। लेकिन अगर मैं इसे आगंतुक

[33] रोसेनबर्ग, M.B., 2003. नॉन वायलेंट कम्युनिकेशन : अ लैंग्वेज ऑफ़ लाइफ। पड़ल डांसर प्रेस, USA.

या संदेशवाहक के रूप में देखती हूँ तो मैं इससे निपट सकती हूँ, इससे कुछ सीख सकती हूँ और अपने विकास में इसका उपयोग कर सकती हूँ बजाए इसके कि उसे हानि पहुँचाने दूँ। यह मुझे समझने में मदद करता है कि मुझे स्वयं को किस दिशा में विकसित करना है ताकि मैं ख़ुद को व दूसरों को और अधिक प्रेम व संवेदना दे सकूँ। संक्षेप में यह ज़रूरी नहीं है कि क्रोध हमारा शत्रु हो। हम उससे दोस्ती कर सकते हैं और समझदारी से उसका उपयोग यह जानने के लिए कर सकते हैं कि क्या ग़लत हुआ और किस जगह बदलाव की आवश्यकता है ताकि हम और अधिक प्रेममय इंसान बन सकें।

रूबी के सुझाव

क्रोध क्रिया को जन्म देता है। यह तब समस्या बन जाता है जब हमारी पूर्व निर्धारित प्रतिक्रिया हानिकारक होती है न कि कुछ सकारात्मक कार्य करने का संकेत। दबा हुआ क्रोध विषैला प्रकोप बन सकता है जबकि अनुकूलन से क्रोध परिवर्तन का उत्प्रेरक बन सकता है। आप सिर्फ़ अपने आप को और अपनी प्रतिक्रियाओं को बदल सकते हैं।

न्यूरो वैज्ञानिकों का मानना है कि हम न्याय के लिए पूर्वाग्रह से ग्रस्त हैं और अन्याय का प्रतिरोध करते हैं।

क्रोध को एक संदेशवाहक या आगंतुक की तरह देखें। सामने वाले को आप अपने क्रोध की ज़िम्मेदारी से मुक्त करें। अपनी जागरूकता को परिवर्तित करें।

अभ्यास –

* जब अपने भीतर क्रोध को उमड़ता हुआ पाएँ तो ख़ुद से पूछें, "तुम क्यों आए हो और मुझे तुमसे क्या सीखना है?"
* सिम्पैथेटिक (अनुकंपी) तंत्रिका तंत्र के "लड़ो या भागो" वाली प्रतिक्रिया से बचने के लिए श्वसन अभ्यासों की मदद लें।
* अपने और क्रोध के उत्तेजक के बीच दूरी बनाएँ।
* स्वयं को केन्द्रित करने के लिए प्रकृति के करीब रहें।
* मौलिक करुणा और ख़ासकर ख़ुद के प्रति करुणा का अभ्यास करें। पूछें, "इस क्षण में क्या आवश्यक है?"
* कोई भी प्रतिक्रिया दिखाने से पहले क्रोध के कम होने का इंतज़ार करें।

अशांति के बीच विघटन से प्रेम की ओर

वास्को गैस्पर

वास्को गैस्पर के बारे में

वास्को ने यूनिवर्सिटी ऑफ़ कोईंब्रा से मनोविज्ञान में डिग्री प्राप्त की है। उनकी किताब का नाम है 'एक्वि ए अगोरा-माइंडफुलनेस'। वे विश्व भर की निजी, सार्वजनिक और स्वयंसेवी संस्थाओं में सचेत नेतृत्व और मानवीय क्षमता की सम्भावनाओं के क्षेत्र में वक्ता और प्रशिक्षक के तौर पर कार्य करते हैं। वे विश्व के 30,000 लोगों से सीधे संपर्क स्थापित कर चुके हैं। उनकी मुख्य रुचि ध्यान की विभिन्न पद्धतियों, जैसे माइंडफुलनेस, हार्टफुलनेस, प्रेज़ेंसिंग आदि, को साइकोथेरपी, न्यूरोसाइंस एवं अन्य प्रमाणित सफल तरीक़ों से जोड़ने में है ताकि सर्वोच्च मानवीय सम्भावनाओं की सेवा विश्व कल्याण के लिए उपलब्ध हो।

वे कई नामी संस्थाओं जैसे प्रेज़ेंसिंग इंस्टिट्यूट, हार्टफुलनेस इंस्टिट्यूट, सर्च इनसाइड योरसेल्फ़ लीडरशिप, IFS इंस्टिट्यूट, आदि द्वारा प्रमाणित हैं। उनका संकल्प है परिवर्तन के लिए प्रेरणा प्रदान करना ताकि सभी प्राणियों के लिए एक अधिक मानवीय और करुणापूर्ण विश्व बने।

एक भयंकर तूफ़ान

वर्ष 2020 की कोविड महामारी के बीच मैंने ये शब्द पहली बार लिखे थे। अब पीछे मुड़ कर देखता हूँ तो यह देखना बड़ा दिलचस्प है कि दुनिया कितनी तेज़ी से बदल गई है। वे सारी चीज़ें जिनके अस्तित्व को हम कोई महत्व नहीं दिया करते थे अचानक ग़ायब हो गईं। बहुत साधारण सी व "नगण्य" सी लगने वाली चीज़ें जैसे सुबह घूमने जाना या अपने किसी प्रियजन को गले लगाना, कहीं खो से गए। दुनिया जैसे एक ओर तो थम सी गई थी और दूसरी ओर बेहद तेज़ी से बदल भी रही थी।

हमारा जीवन हमेशा से ही नश्वर और अस्थायी रहा है। ग्रीस के दार्शनिक हेराक्लीटस के अनुसार, "जीवन में सिर्फ़ बदलाव ही स्थायी है।" लेकिन यह कुछ अलग था। यह बदलाव वैश्विक था और प्रत्यक्ष या अप्रत्यक्ष तरीक़े से एक ही वक़्त में हर कोई इससे प्रभावित था। स्कूल बंद हो चुके थे, स्वास्थ्य प्रणाली पर बेहद दबाव बना हुआ था और वैश्विक अर्थव्यवस्था भी बेहद कमज़ोर हो गई थी। लाखों लोगों की मृत्यु हो गई। उद्योग-व्यवसाय अभी तक उसके प्रभाव से उबर नहीं पाए हैं और लाखों लोग अभी भी बेरोज़गार हैं। हमें अपनी जीवनशैली को बदलना ही होगा। कई लोगों को भय, क्रोध, निराशा और मायूसी जैसी भावनाओं को झेलना पड़ा।

ये भावनाएँ और तकलीफ़ें क्या कुछ कम थीं कि हमें कहा गया, "एक-दूसरे से दूरी बरतें, एकांत में रहें।" घर में बंद होना कुछ ऐसा था जैसे कोई हमसे कह रहा हो कि "सोफे पर बैठे-बैठे अपनी इस दुनिया को बस ढहते हुए देखो – कुछ भी कर पाने में असमर्थ!"

इस परिस्थिति ने हमारी भावनाओं को और भी चुनौतीपूर्ण बना दिया। कई शोध कहते हैं कि हम सामाजिक प्राणी हैं और एक-दूसरे के साथ हमारे सम्बन्ध हमारे मानसिक स्वास्थ्य के लिए बेहद ज़रूरी हैं। सामाजिक मेलजोल की कमी और अकेलापन हममें उदासी, अवसाद, पाचन की गड़बड़ियाँ, डिमेंशिया जैसी कई बीमारियों को न केवल संकट के समय बल्कि सामान्य दिनों में भी बढ़ा देते हैं। यही नहीं छोटी सी जगह में बंद ज़िंदगी

जीते हुए कई लोगों को पोस्ट ट्रॉमैटिक स्ट्रेस डिसॉर्डर या PTSD हो गया। मनोवैज्ञानिक बैसेल वान डर कॉक के रिसर्च[34] ने साबित किया कि सिर्फ़ दुर्घटना के बाद ही नहीं बल्कि इस तरह की प्रलयकारी परिस्थितियों में जीते हुए भी लोगों को PTSD हो सकता है।

मैंने एक मशहूर टीवी रिपोर्टर से सुना था कि जब पुर्तगाल में कोविड के दौरान उसके पिताजी की किसी अन्य बीमारी से अस्पताल में मृत्यु हुई तो उसे उनसे मिलने नहीं दिया गया और उनके आख़िरी वक़्त में वह उनके साथ नहीं रह पाया था। उनकी अंतिम यात्रा में भी बहुत ही सीमित संख्या में लोगों को आने दिया गया और किसी को भी सांत्वना के लिए भी एक-दूसरे को गले नहीं लगाने दिया गया – एक चीखती हुई सी ख़ामोशी भरी दूरियाँ। हममें से अधिकतर के लिए औरों का स्पर्श बहुत ज़रूरी है। यह हमें हमारी अपनी भावनाओं को नियमित करने व अन्य लोगों के साथ सामीप्य महसूस करने में मदद करता है। नवजात शिशु के जीवित रहने के लिए स्पर्श उतना ही ज़रूरी है जितना कि पानी और पोषण। इस तरह हम अपने और अन्य स्तनधारी प्राणियों के मूलभूत स्वभाव के एकदम विपरीत जा रहे थे।

एकांत ने जहाँ हमें तनावग्रस्त किया वहीं दूसरी ओर एक ही छत के नीचे कई पीढ़ियों का गरीबी की हालत में एक साथ रहना और भी चुनौतीपूर्ण था – ऐसे इंसान के साथ रहना जिसके प्रति कोई प्यार न रहा था और कुछ घरेलू हिंसा के शिकार भी हुए। माता-पिता घर में बच्चों को पढ़ा रहे थे साथ ही ऑनलाइन काम भी कर रहे थे और इन सब के चलते अपने निजी वक़्त में औरों की दखल महसूस कर रहे थे। लोग बाहर जा कर सैर करके दिमाग को ठंडा नहीं कर पा रहे थे इसलिए घर में झगड़े और हिंसा बढ़ने लगे थे। कुछ लोगों के लिए उनका अपना घर ही सुरक्षित नहीं रहा, तो कुछ ऐसे भी थे जिनके पास न घर था न पैसे जिससे वे इस असाधारण समय में अपने जीने के लिए ज़रूरी सामान खरीद सकें।

34 https://onbeing.org/programs/bessel-van-der-kolk-how-trauma-lodges-in-the-body/

मानसिक स्वास्थ्य के लिए यह एक भयंकर तूफ़ान था ख़ासकर इसलिए कि हममें से अधिकतर लोगों ने कभी भी अपने मन और भावनाओं को नियंत्रित करना नहीं सीखा था – न अपनी रोज़मर्रा की ज़िंदगी में और न ही संकटकाल में, जब हम जीवित रहने के लिए भी संघर्ष कर रहे होते हैं।

हमसे कहा गया अपने हाथ धोएँ और दूसरों से दूरी बरतें ताकि न हम बीमार पड़ें और न ही बीमारी फैलाएँ लेकिन किसी ने भी हमें अपने मन और भावनाओं को साफ़ करने के लिए नहीं कहा। आधारभूत होना, केन्द्रित होना, एक-दूसरे से सम्बन्ध जोड़ना, करुणामय होना, अपनी भावनाओं को साफ़ करना, यह सब भी उतना ही आवश्यक है जितना कि अपने हाथों को धोना क्योंकि भावनाएँ भी फैलकर दूसरों को प्रभावित करती हैं ख़ासकर डर, क्रोध और चिंता।

सह-विनियमन (को-रेगुलेशन)

सामाजिक जीव होने के नाते पिछले 50 करोड़ वर्षों में हमारे तंत्रिका तंत्र का भी विकास हुआ है ताकि जीवित रहने के लिए हम वातावरण में उभरने वाले ख़तरों से जूझ सकें। बाहरी दुनिया से हमें मिलने वाला एक मुख्य संकेत है – अन्य व्यक्तियों की भावनात्मक मनःस्थिति को पहचानना। अच्छा हो या बुरा लेकिन हम एक-दूसरे को सह-विनियमित करते रहते हैं।

एक क्षण के लिए कल्पना करें कि आप एक चिकित्सक हैं और सारा दिन अस्पताल में काम करके घर लौटे हैं या फिर एक किराने की दुकान में काम करने वाले व्यक्ति हैं जो सारा दिन इस कोशिश में लगा रहता है कि लोग आवश्यक सामग्री खरीद सकें। महामारी ख़त्म होने के बावजूद आज भी आप अपने परिवार से मिलने के पहले शायद अपने हाथ धोते होंगे या शायद नहा कर अपने कपड़े धोने डालते होंगे क्योंकि आप नहीं चाहते कि बाहर से आपके द्वारा लाई हुई कोई बीमारी उन तक पहुँचे। लेकिन क्या दिन भर के जमा हुए अपने डर, चिंता और भी कई नकारात्मक भावनाओं की छापों को भी आप धो डालते हैं? अगर आप ऐसा नहीं करते तो वे सारी छापें आपसे जुड़ी रहती हैं और सम्भवतः आपके आसपास रहने वालों को भी प्रभावित करती हैं।

इन भावनाओं के इकट्ठा होने में ज़रूरी नहीं कि आपने कुछ किया हो। अगर आप सावधानी न बरतें तो ये सभी ओर से हम तक पहुँच जाती हैं। ये मीडिया से व ग़लत खबरों की उग्रता से आ जाएँगी जो आज की दुनिया में जैविक ख़तरे से भी ज़्यादा ख़तरनाक हैं। आप इन नकारात्मक छापों से प्रभावित न भी होना चाहें तो भी अवचेतन स्तर पर आपका स्वायत्त तंत्रिका तंत्र (autonomic nervous system) हरदम वातावरण को न्यूरोसेप्शन नामक प्रक्रिया से स्कैन करता रहता है। जब वह बाहर किसी सम्भावित ख़तरे को पहचानता है जैसे कोई गुस्से से भरा व्यक्ति या कोई नकारात्मक समाचार या अंदरूनी नकारात्मक विचार तब वह अपने बचने का तरीक़ा ढूँढ कर आपकी प्रतिक्रिया को तैयार करता है।

ये प्रतिक्रियाएँ क्या हैं? ख़तरे के स्तर को देखते हुए वह निम्नलिखित तीन में से कोई एक प्रतिक्रिया को चुनता है –

1. सबसे प्राचीन प्रतिक्रिया जो 50 करोड़ वर्षों पहले उभर कर आई थी वह है "स्थिरीकरण या स्वयं को अलग करना" या स्वयं को अलग करना जिसे फ़्रीज़ प्रतिक्रिया कहा जाता है।" यह प्रतिक्रिया तब उभरती है जब हमें यह महसूस होता है कि हम कुछ नहीं कर सकते। उस वक़्त यह हमारी प्रणाली को बंद करने की कोशिश करता है ताकि हम ख़ुद को ख़तरे से अलग कर लें। स्वायत्त तंत्रिका तंत्र की जो शाखा इसके लिए ज़िम्मेदार है उसे "डॉर्सल वेगल प्रतिक्रिया" कहते हैं जो हमारे परानुकंपी तंत्रिका तंत्र (parasympathetic nervous system) से जुड़ा होता है।

यह कभी-कभी हमें बेहोश भी कर देता है जिस तरह कुछ जानवर ख़तरे से बचने के लिए बेहोश हो जाते हैं या मरने का नाटक करते हैं। यह अपने भीतर के सुरक्षित स्थान में जाकर तूफ़ान के थमने का इंतज़ार करने जैसा है। मनोवैज्ञानिक स्तर पर यह हममें नैराश्य, शक्तिहीनता, असहायता की अवस्था से भर देता है या ऐसी प्रतिक्रियाओं को जन्म देता है जो हमें हक़ीक़त से अलग कर देती हैं। इसी कारण से कई लोग अपना ध्यान बँटाने के लिए सारा वक़्त इंटरनेट पर बरबाद करते हैं। महामारी के दौरान इंटरनेट सेवाएँ बहुत फली-फूलीं!

2. इसके बाद तकरीबन 40 करोड़ वर्षों पूर्व एक नई प्रतिक्रिया उभरी, "लड़ो या भागो" या गतिमान होना। यहाँ पर हमारा अनुकंपी तंत्रिका तंत्र ख़तरे से जूझने के लिए क्रियान्वित हो जाता है और हमें परिस्थिति के अनुसार भागने या लड़ने के लिए प्रेरित करता है। जब यह प्रतिक्रिया क्रियान्वित होती है तब कुछ लोग क्रोध और कुंठा महसूस करते हैं (लड़ाई) या फिर डर और चिंता महसूस करते हैं (भागना) और कुछ को घबराहट का दौरा पड़ने लगता है। एड्रीनेलिन और कॉर्टिसोल जैसे हॉर्मोन का हमारे शरीर में तेज़ी से संचार होता है जिससे रक्तचाप बढ़ जाता है और हमारे हाथों व पैरों में खून का बहाव बढ़ जाता है ताकि हम लड़ सकें या भाग सकें।

मानसिक तौर पर हम ज़्यादा चौकन्ने हो जाते हैं और तटस्थ उत्तेजनाओं को भी सम्भावित ख़तरा समझ लेते हैं। शोध बताते हैं कि कोई व्यक्ति जब इस तरह की मानसिकता से गुज़र रहा होता है तब अगर उससे कोई तटस्थता से भी बात करे तो वह उसे ख़तरा समझता है। हमारे कानों के मध्य भाग की हड्डियाँ भी अपना स्थान थोड़ा बदल लेती हैं ताकि हिंसक जानवरों की तरह ऊँचे और निचले स्तर की ध्वनि तरंगों के प्रति ज़्यादा सचेत हुआ जा सके। ऐसी स्थिति में मध्यम स्तर की ध्वनि तरंगों को सुनने की क्षमता घट जाती है जो सामान्यतया इंसानों की आवाज़ होती है। इसलिए जो लोग मानसिक तनाव से गुज़र रहे होते हैं उन्हें एक-दूसरे की आवाज़ कम सुनाई देती है।

3. फिर करीब 20 करोड़ वर्षों पहले एक और नई प्रतिक्रिया उभरी – सम्बन्धों की, सुरक्षित महसूस करने की व सामाजिक तौर पर एक-दूसरे के साथ जुड़ने की। इसी कारण से हम एक-दूसरे को सहयोग देने में सक्षम हुए। इसे "वेंट्रल वेगल प्रतिक्रिया" कहते हैं और यह भी हमारे परानुकंपी तंत्रिका तंत्र का हिस्सा है। यह हिस्सा स्वास्थ्य, विकास, सामाजिक मेलजोल, नवीनीकरण और व्यक्तिगत व सामाजिक नियमितता के लिए ज़िम्मेदार है। इस प्रतिक्रिया में हम एक-दूसरे की मदद के लिए आगे बढ़ते हैं।

हमारा स्वायत्त तंत्रिका तंत्र किस तरह से काम करता है यह जानना हमारे लिए बहुत ज़रूरी है ताकि संकट के वक़्त हम न सिर्फ़ अपने आप को विनियमित कर सकें बल्कि सामाजिक जीव होने के नाते औरों को भी विनियमित होने में मदद कर सकें क्योंकि हमारी प्रणालियाँ एक-दूसरे से प्रभावित रहती हैं।

एक बार फिर महामारी की बात करते हैं – उस दौर में हम सभी अपने-अपने घरों में बंद थे और बाहर की दुनिया की ख़बरें हमें सिर्फ़ मीडिया और सोशल मीडिया के ज़रिए ही मिल रही थीं। दोनों ही स्रोतों का झुकाव हमें परिस्थिति के सबसे बुरे और ख़राब पहलू दिखाने की ओर था। ऐसी जानकारी प्राप्त होने पर हमारे "जागरूक रेडार" के अंतर्गत काम करने वाले हमारे न्यूरोसेप्शन तंत्र ने "ख़तरे" को महसूस किया और "लड़ो या भागो" वाली उचित प्रतिक्रिया को क्रियान्वित किया।

मेरे एक शिक्षक कहा करते थे कि हम सब "भयभीत बंदर" के वंशज हैं। वे मज़ाक में कहा करते थे कि "आश्वस्त बंदर" का वंश समाप्त हो गया। हमारा मन पूर्व निर्धारित तरीक़े से अपने आप यह सोचने लगता है कि क्या ग़लत हो सकता है। हम सबसे ख़राब परिस्थिति का पूर्वानुमान लगाने में माहिर हैं क्योंकि ऐसा करना हमारे जीवित रहने के लिए आवश्यक था। इस आंतरिक अवस्था का प्रभाव हमारे स्वायत्त तंत्रिका तंत्र पर भी पड़ता है जो परिस्थिति से निपटने के लिए उचित प्रतिक्रिया को क्रियान्वित करता है। उदाहरण के लिए एड्रीनेलिन हॉर्मोन का स्त्रावित होना ताकि हम भाग सकें।

हम एक विस्फोटक संयोग का सामना कर रहे थे – बाहरी दुनिया हमें वह सब कुछ बता रही थी जो ग़लत या बुरा हो रहा था (मृतकों की संख्या, लॉकडाउन, शेयर बाज़ार का गिरना, सामाजिक ध्रुवीकरण, इत्यादि) और हमारी अंदरूनी दुनिया सबसे ख़राब परिस्थिति का पूर्वानुमान लगा रही थी और षड्यंत्र की आहट, सम्भावित युद्ध और इसी तरह की अन्य परिकल्पनाओं को बढ़ा रही थी।

स्व-विनियमन (सेल्फ-रेगुलेशन)

जब ख़तरे की घंटी बजी तो हम पहली दो प्रतिक्रियाओं की तरफ़ मुड़े – "लड़ो या भागो" की प्रतिक्रिया के क्रियान्वित होने से हमारी प्रणाली क्रोध और चिंता जैसी भावनाओं से भर गई। "स्थिर हो जाने" की प्रतिक्रिया क्रियान्वित हुई तो हमने अपने आप को सुन्न कर लिया और हम नाउम्मीद, उदास व अलग-थलग से हो गए। कभी-कभार हम दोनों प्रतिक्रियाओं को एक साथ क्रियान्वित कर लेते और गाड़ी की हेडलाइट से डर कर एकदम स्थिर हुए हिरण की तरह बन जाते।

इन दोनों ही प्रतिक्रियाओं ने हमें अपने 'वेंट्रल वेगल प्रतिक्रिया' से दूर कर दिया जो हमें सुरक्षित और एक-दूसरे से जोड़ कर रखती थी। इन प्रतिक्रियाओं ने हमें अपने मस्तिष्क के प्रीफ्रंटल कोर्टेक्स के उपयोग से अलग कर दिया। यह वह भाग है जिसके कारण हम स्पष्ट रूप से सोच सकते हैं, अपनी उत्तेजनाओं को काबू में रखते हैं, औरों के प्रति करुणा महसूस करते हैं, अपने आप को नियमित व संतुलित रखते हैं और नैतिकता की समझ रखते हैं। यह मूलतः वह भाग है जो हमें केन्द्रित, तर्कसंगत, विवेकशील और करुणामय बनाता है। ये वे गुण हैं जिन्हें हम मानवीय गुण कहते हैं।

कुछ लोग यह तर्क दे सकते हैं कि मानवजाति ने जैसे वास्तविक संकट का सामना किया उसके बीच में एक उत्तरजीविता प्रतिक्रिया ही पर्याप्त थी यानी ऐसी प्रतिक्रिया जिससे हम जीवित रह पाते हैं। कुछ हद तक यह सही भी है। पहले की दोनों प्रतिक्रियाएँ निश्चित और जाने-पहचाने ख़तरों से जूझने के लिए उभरी थीं जैसे कोई शेर हमारे पीछे पड़ा हो या हमारी ओर कोई हथियार फेंका गया हो। एक अदृश्य वायरस से बचने में यह हमारी कोई मदद नहीं कर सके। असल में "लड़ो या भागो" वाली प्रतिक्रिया हमारी प्रतिरक्षण प्रणाली पर नकारात्मक प्रभाव डालती है जिसकी वायरस से लड़ने के लिए हमें कोई ज़रूरत नहीं थी।

क्रोधित होना समस्या का निदान नहीं था। क्रोध में लोग अनुचित व्यवहार करने लगे जैसे कि कुछ देशों ने एशिया के लोगों से भेदभाव किया। चिंतित होना भी समस्या का निदान नहीं था। हालाँकि थोड़ा सा डर और थोड़ी चिंता ने हमें अपने व्यवहार के प्रति थोड़ा सचेत ज़रूर कर दिया (उदाहरण के लिए, औरों को संक्रमित करने से बचाने के लिए मास्क पहनना) लेकिन इन प्रतिक्रियाओं की अधिकता ने हमारी स्पष्टता से सोचने की क़ाबिलियत, औरों से जुड़ने और यहाँ तक कि स्वयं से जुड़ने की क़ाबिलियत को भी प्रभावित कर दिया।

देखा जाए तो तूफ़ान के गुज़रने के इंतज़ार में दूसरों से अलग या सतत विचलित रह कर हमने केवल उस चीज़ को स्थगित किया जिसे उस क्षण में किया जाना चाहिए था।

भविष्य में हम क्या अलग कर सकते हैं?

हमें ख़ुद को विनियमित करने की बहुत ज़रूरत है – अपने मन को, तन को और अपनी संपूर्ण प्रणाली को भी। इसका मतलब है हमें अपने अंदर के स्वस्थ केन्द्र बिंदु को क्रियान्वित करके उससे जुड़ने का प्रयत्न करना होगा। हमें अपनी वेंट्रल प्रतिक्रिया से, हमारे हृदय से और उस जगह से जुड़ना होगा जहाँ हमारा विवेक, करुणा और स्पष्टता विद्यमान है। फिर उस स्थान से जुड़ कर दुनिया में ऐसा काम करना होगा जो सबके लिए हितकारी हो और जो वर्तमान परिस्थिति में वास्तविक सुधार ला सके।

स्वयं को नियमित करने के बाद ही हम स्पष्टता से सोच सकते हैं और अपने साधनों का समझदारी से उपयोग कर सकते हैं। केवल उसी स्थान से हम एक मानवीय स्तर पर जुड़ सकते हैं। विपदा के समय में हमारा व्यवहार कैसा होना चाहिए? हम स्वस्थचित्तता, दया व विवेक का एक ठोस आश्रय होंगे या विषैली भावनाओं और व्यवहार के संक्रमण-स्रोत?

आप में से कुछ लोग सोच रहे होंगे, “कहना आसान है! जितनी आसानी से मैं अपने हाथों को धोता हूँ उतनी ही आसानी से अपनी भावनाओं को धोकर कैसे ख़ुद को विनियमित कर सकता हूँ? हममें से अधिकांश लोगों को इस विषय में कभी कुछ सरल आदतें भी नहीं सिखाई गई हैं इसलिए आपका यह सवाल जायज़ है।

सौभाग्यवश अब बहुत सारी सम्भावनाएँ मौजूद हैं। सबसे पहले हमें यह भान होना चाहिए कि किसी क्षण में हम किस स्थिति में हैं – हमें अपनी आंतरिक दशा, विचार, भावनाओं और शारीरिक प्रतिक्रियाओं के प्रति जागरूक रहना चाहिए। फिर अगर हमारी मनःस्थिति परिस्थिति के अनुकूल न हो तो हम स्वयं में बदलाव ला सकते हैं। कभी-कभी केवल श्वसन प्रक्रिया के अभ्यास से हम अपने शरीर में ऊर्जा का संचार कर सकते हैं। इसका फ़ायदा हमें तब होता है जब हमारी ‘डॉर्सल वेगल’ प्रतिक्रिया थम सी जाती है या फिर हम ऊर्जा का संचार कम कर सकते हैं जब हम अत्यधिक क्रोधित या चिंतित होते हैं।

अगर हम ख़ुद को भावनात्मक छापों से भरा हुआ पाते हैं जिसके कारण हमारे मन में विचारों और भावनाओं का तूफ़ान सा उठ खड़ा होता है तब हार्टफुलनेस ध्यान पद्धति में सफ़ाई नामक एक अभ्यास है जो ख़ास तौर पर दिन भर में जमा हुई भावनात्मक छापों को दूर करने के लिए उपलब्ध है। अपने मन को नियमित करने के लिए व इस सफ़ाई को और भी गहराई तक लेकर जाने के लिए हम किसी प्रशिक्षक के साथ बैठ कर ध्यान भी कर सकते हैं।

हम पहले से ही अगर सचेत रहें तो अपने अंदरूनी संतुलन को बनाए रख सकते हैं ताकि आसानी से अस्थिर न हो जाएँ। हार्टफुलनेस के अन्य अभ्यास जैसे प्रार्थना और ध्यान हमें अपने केन्द्र से या अंतर्मन के साथ जुड़ने में मदद करते हैं। इससे हमारी 'वेंट्रल वेगल' प्रतिक्रिया क्रियान्वित होती है और हम स्वयं को ज़्यादा केन्द्रित, संरेखित, शांत व करुणामय पाते हैं।

इसके लिए हमें अपना सिर मुंडवाकर किसी मठ में जाने की ज़रूरत नहीं है। हमारे दैनिक जीवन के लिए बनाए गए ये कुछ सरल अभ्यास हैं जो हमें जीवन के साथ तालमेल बैठाने और हमारे लिए पूर्ण रूप से फ़ायदेमंद हैं। इनका उद्देश्य सिर्फ़ इतना है कि हमें उस चीज़ से जोड़ें जो वाक़ई आवश्यक है और फिर विवेक और स्पष्टता से हमारा मार्गदर्शन करें। हमारी दुनिया को अभी इसी बात की बहुत ज़रूरत है ख़ास कर ऐसे लोगों की जो सही और स्पष्ट सोचते हों, जो विवेक व करुणा के केन्द्र बन सकें, जो ख़ुद को और अपने आसपास के लोगों को स्वस्थ विकास तथा नवीनीकरण की दिशा में सामूहिक निर्णय लेकर उस पर कदम उठाने में मदद कर सकें।

अशांति के बीच सुंदरता

यह सच है कि विपदा अभी भी है। हाँ, अनिश्चितता भी है। तकलीफ़दायक भावनाएँ यानी क्रोध, चिंता, दर्द अभी भी हैं। लेकिन अब नई सम्भावनाएँ भी हैं। कुछ नई शुरुआतें भी हैं। कुछ ऐसे भी लोग हैं जो एक-दूसरे की तरफ़ अपना हाथ बढ़ाकर इसे एक बेहतर दुनिया बना रहे हैं।

अगर हम ग़ौर करें तो हमें खूबसूरत उदाहरण भी नज़र आएँगे – रोज़मर्रा की ज़िंदगी में ऐसे व्यक्ति भी हैं जो हृदय से निर्देश लेते हैं जोकि विवेक का स्थान

है[35]। इस अशांति के बीच में भी हमारे पास एक विकल्प है। हम या तो यंत्रवत् "लड़ो, भागो, बेहोश हो जाओ या स्थिर हो जाओ" प्रतिक्रिया की तरफ़ जाएँ या फिर एक क्षण रुक कर अपने केन्द्र-बिन्दु तक जाकर अपने हृदय से जुड़ें और दुनिया में ऐसे काम करें जिससे अनेक को लाभ हो।

यह चयन आपका है। आप क्या बनना चाहते हैं? अशांति और अव्यवस्था का केन्द्र बिंदु या फिर प्रेम और विवेक का स्त्रोत? उत्तर आपके हाथ में, आपके दिमाग में और विशेषकर आपके हृदय में है।

[35] कुछ उदाहरण देखें https://www.karunavirus.org/

वास्को के सुझाव

महामारी की वजह से हम सब बदल गए हैं और इसका हमारी मानसिक कुशलता पर नकारात्मक प्रभाव पड़ा है। हम सभी मानसिक बीमारी की महामारी में जी रहे हैं। इसलिए अपने हाथों की तरह अपनी भावनाओं को धो डालना सीखें।

आपकी भावनाएँ आपके आसपास के लोगों की भावनाओं के साथ किस तरह से घुलमिल रही हैं इसके प्रति जागरूक रहें। आपका स्वायत्त तंत्रिका तंत्र आपके वातावरण को न्यूरोसेप्शन के द्वारा किस तरह से बारीक़ी से जाँच रहा है इसके प्रति जागरूक रहें।

अभ्यास –

* अपनी वर्तमान स्थिति के प्रति जागरूक रहें।
* उसके बाद ख़ुद को निम्नलिखित अभ्यासों द्वारा संतुलित करें -

  प्राणायाम
  हार्टफुलनेस सफ़ाई
  ध्यान
  स्वयं को केन्द्रित करना

हर स्थिति में सम्भावनाओं की तलाश करें। आपके पास दो विकल्प हैं – या तो अपने स्वायत्त तंत्रिका तंत्र को प्रतिक्रिया देने दें या फिर एक क्षण विराम लेकर और केन्द्रितता के साथ प्रतिक्रिया दें।

क्रोध – मानसिक आघात का संदेशवाहक

मैरिलिन कॉर्नेलियस

मैरिलिन कॉर्नेलियस के बारे में

मैरिलिन एक लाइफ़ कोच, प्रशिक्षक, वक्ता, लेखिका और शिक्षिका हैं। वे अंतर्राष्ट्रीय नेतृत्व एवं वेलनेस कंपनी 'अल्केमस प्राइम' की संस्थापिका हैं। वे व्यवहार विज्ञान, डिज़ाइन थिंकिंग, बायोमिमिक्री, स्त्री सशक्तीकरण हेतु ध्यान की तकनीक, चेंज मैनेजमेंट, सदमे का उपचार, नेतृत्व का विकास, जलवायु परिवर्तन, शांति एवं अनुकूलन का संयोजन करती हैं।

मैरिलिन ने 32 किताबें लिखी हैं जो स्वयं के प्रति प्रेम भाव, सकारात्मकता, सदमा, नेतृत्व, स्वास्थ्यवर्धक भोजन एवं ध्यान जैसे विषयों पर हैं। उनके वार्ता कार्यक्रमों में हार्टफुलनेस के सेमिनार, UN की महिला सभाएँ, टीवी एवं रेडियो के कार्यक्रम सम्मिलित हैं।

मैरिलिन ने व्यवहार विज्ञान तथा जलवायु परिवर्तन में स्टैनफोर्ड यूनिवर्सिटी के E-IPER यानी इम्मेट इंटरडिसिप्लिनरी प्रोग्राम इन एनवायरनमेंट एंड रिसोर्सेज़ में डॉक्टर की डिग्री हासिल की है। इन्हें बिज़नेस और पर्यावरण संसाधन के प्रबंधन में BSc की डिग्री तथा ग्राफ़िक डिज़ाइन में एसोसिएट ऑफ़ आर्ट्स की डिग्री प्राप्त है। वे वर्ष 2009 से सक्रिय रेकी मास्टर हैं। वे UN में USA की महिलाओं की कोच (सैनफ्रांसिसको, बे इलाक़ा) तथा चीफ़ ऑफ़ स्टाफ़ रह चुकी हैं। 'काइज़र पर्मनेंटे' में रेडवुड शहर, कैलिफ़ोर्निया की ओर से हॉस्पिस की स्वयंसेविका रही हैं साथ ही सुवा, फ़िजी में हार्टफुलनेस की प्रशिक्षिका रही हैं।

भावनाएँ – निष्ठावान संदेशवाहक

भावनाएँ संदेशवाहक की तरह होती हैं जो हमें अपनी आंतरिक स्थिति के बारे में जानकारी देती हैं। उदाहरण के लिए, दुःख हमें बताता है कि हमने किसी को गहराई से प्रेम किया है और उससे अब भी लगाव है लेकिन अब वह खो गया है। साथ ही भावनाएँ वफ़ादार होती हैं क्योंकि वे सही कारण और उचित संदेश देती हैं। हम बिना किसी कारण के शोक नहीं करते या ख़ुशी का अनुभव नहीं करते या फिर क्रोधित नहीं होते। हमारा काम है भावनाओं पर ध्यान देना और वे हमें क्या बताती हैं, उस पर ध्यान देना। इसे प्रभावशाली ढंग से करने के लिए हम भावनाओं को न तो नकार सकते हैं और न ही उन्हें अनदेखा कर सकते हैं। हम उन्हें टाल या दबा भी नहीं सकते। इसकी बजाए हमें उनमें छिपे संदेशों को समझने की कोशिश करनी चाहिए।

क्रोध एक शक्तिशाली संदेशवाहक है जो अक्सर किसी सीमा के उल्लंघन, किसी उम्मीद से आई निराशा या मानसिक क्षति से उत्पन्न उत्तेजना के बारे में चेतावनी देता है। जबकि अन्य भावनाएँ नदियों की तरह हो सकती हैं जिनमें हम बह सकते हैं – क्रोध किसी नदी की धारा में एक तेज़ बहाव जैसा है।[36] क्रोध जल्दी आता है और हम इसके शक्तिशाली प्रवाह में गिर जाते हैं। अगर हम इसे ठीक से समझ लें तो क्रोध हमारे आपसी सम्बन्धों में सीमाओं का प्रेमपूर्वक तरीक़ों से आदर करने, अपेक्षाओं को त्यागने और अंततः ख़ुद के ज़ख्मों को भरने का एक अनमोल साधन है।

बचपन के मानसिक आघात और उनके उत्तेजक

क्रोध का अनुभव करने के कई अलग-अलग तरीक़े हो सकते हैं। उदाहरण के लिए, जब कोई ऐसा कुछ करता है जो हमारे क्रोध को भड़का दे तो हम

[36] यह उदाहरण 'स्कल्प्टिंग पॉज़ीटिविटी : डेली इन्स्पीरेशंस फ़्रॉम द शो "मॉर्निंग्स विथ मैरिलिन" नामक पुस्तक से लिया गया है। https://amzn.to/2T3NMJwDaily Inspirations from the show "Mornings with Marilyn." https://amzn.to/2T3NMJw

उसी क्षण क्रोधित हो सकते हैं। हालाँकि क्रोध उस क्षण आता है जब हमें उत्तेजित किया जाता है लेकिन क्रोध का स्रोत प्रायः अतीत में होता है। ये उत्तेजक (कारण) बारूदी सुरंगों की तरह होते हैं – आप नहीं जानते कि आप कब उस पर पैर रख दें – और ये सुरंगें गम्भीर रूप से ख़तरनाक हो सकती हैं। जो हमारे सामने से गुज़रता है उसे हमारे हाव-भाव से शायद कुछ न समझ आए लेकिन हमारा मानसिक आघात सतह के ठीक नीचे होता है। सामने वाले की ओर से एक ग़लत कदम उठता है और हमारा क्रोध फूट पड़ता है।

क्रोध और इसके उत्तेजक अक्सर मानसिक आघात का संकेत होते हैं। ये बचपन के नकारात्मक या प्रतिकूल अनुभवों (एडवर्स चाइल्डहुड एक्सपिरिएंसेस ACE) के प्रभाव के कारण होते हैं।[37],[38] बचपन के आघात का हमारे वयस्क जीवन पर कई तरह से प्रभाव पड़ता है जिसमें चिंता, अवसाद, स्वास्थ्य समस्याएँ, हिंसा और रिश्तों को सम्भालने में आने वाली कठिनाइयाँ शामिल हैं।[39]

आइए क्रोध और बचपन के मानसिक आघात का एक उदाहरण देखें। रवि की ऊँचाई कम है और उसे हमेशा डराया-धमकाया गया और बुरा-भला कहा गया। विशेष रूप से उसे 'डरपोक' कह कर चिढ़ाया और अपमानित किया गया। रवि अपने बचपन के इस अनुभव से व मन में दबे हुए गुस्से और अपमान से मुक्त नहीं हो पाया। यह अब भी उसके स्वभाव की सतह के नीचे दबा हुआ है।

[37] नेशनल सेण्टर फ़ॉर एक्सलेंस फ़ॉर काम्प्लेक्स ट्रॉमा। व्हॉट इज़ चाइल्डहुड ट्रॉमा? https://www.blueknot.org.au/Resources/information/understanding-abuse-and-trauma/What-is-childhood-trauma

[38] द CDC's डेफिनेशन ऑफ़ ACEs: https://www.cdc.gov/violenceprevention/childabuseandneglect/aces/fastfact.html

[39] कोपलैंड, शानहन L, हिनेस्ले J, et al. एसोसिएशन ऑफ़ चाइल्डहुड ट्रॉमा एक्सपोज़र विथ एडल्ट साइकियाट्रिक डिसऑर्डर्स एंड फंक्शनल ऑउटकम्स। JAMA Netw Open. 2018;1(7):e184493. do I:10.1001/jamanetworkopen.2018.4493

अब 30 साल गुज़रने के बाद के दृश्य पर आते हैं। रवि बोर्ड-मीटिंग में बैठा है। उसके टीम-लीडर ने उसे लाखों डॉलर के विज्ञापन के ग्राहक को लाने की खातिर सोचा-समझा जोख़िम नहीं उठाने के लिए बुरी तरह से फटकारा है। जैसे ही रवि कॉन्फ्रेंस रूम से बाहर निकलता है एक सहकर्मी मज़ाक में उसे 'डरपोक' कह देता है साथ ही यह भी कि यदि वह होता तो उसने जोख़िम उठाया होता। इससे पहले कि सहकर्मी को पता चले कि क्या हो रहा है रवि उसे कॉलर से पकड़ कर दीवार तक धकेल देता है और डरावनी व ख़तरनाक आवाज़ में धमकी देता है। अचानक उठाए गए इस कदम से सहकर्मी हैरान हो जाता है और डर जाता है। एक अन्य सहकर्मी उन्हें अलग करता है। रवि अपने चेहरे पर कुछ ठंडा पानी छिड़कने के लिए जाता है और जो घटित हुआ उसके बारे में सोचता है।

'डरपोक' शब्द ने पुराने गुस्से को भड़का दिया जो अभी भी रवि के भीतर था और यह आसानी से फट पड़ा। दबाए गए क्रोध को स्वस्थ तरीक़ों से मुक्त करने के लिए रवि को मनोचिकित्सा, वैकल्पिक उपचार, कोचिंग या किसी अन्य प्रकार के अभ्यास से गुज़रना पड़ सकता है ताकि उसे क्रोध से हमेशा के लिए छुटकारा मिल सके। रवि का गुस्सा उसे संदेश दे रहा है कि यह उसके भीतर के बच्चे के अनसुलझे मानसिक आघात के विषय में है – "कृपया छोटे रवि की रक्षा करें और उसकी उलझन ठीक करें। उसे अपनी सही अहमियत को महसूस करने में मदद करें। उसे आत्मविश्वासी और सुरक्षित महसूस करने में मदद करें।" – यह एक आवश्यक संदेश है जिस पर रवि को ध्यान देने की ज़रूरत है।

क्रोध के पीछे भय छिपा होता है

क्रोध हमारे जीवन में एक और तरीक़े से प्रकट होता है – वह तरीक़ा जिससे हम अपनी भावनाओं को अपने भीतर ही छिपाने के आदी हो जाते हैं। पुरुषों को विशेष रूप से इसी प्रकार बड़ा किया जाता है। भावनाएँ दिखाना कमज़ोरी समझा जाता है इसलिए वे उन्हें दबाकर रखना सीखते हैं। जब गुस्सा रोज़मर्रा की बातों से इकट्ठा होने लगता है तो वे उसे उन लोगों पर निकालते हैं जिनका शायद क्रोध के कारण से कोई लेना-देना ही न हो। अगर हम गहराई से देखें तो पाएँगे कि क्रोध के पीछे डर छिपा होता है।

इसका एक उत्कृष्ट उदाहरण है – जेफ़ नामक व्यक्ति किसी तनावपूर्ण व्यवसाय में है, शायद वह आपराधिक वकील है। हालाँकि वह शांत और विचारशील है लेकिन काम से घर लौटने पर उसकी पत्नी एमी एक मासूम सवाल पूछती है कि वह खाना तभी खाएगा या बाद में? वह गुस्से से फूट पड़ता है कि उससे कोई बात न करे और उसे कुछ देर अकेले रहने दिया जाए। ऐसी कड़वी और खराब प्रतिक्रिया के बाद एमी जेफ़ को फटकार लगा सकती है या उसे अकेला छोड़ सकती है। अधिकतर मामलों में जेफ़ शांत हो जाता है और कुछ समय बाद एमी से माफ़ी माँग लेता है। अपने खराब मिजाज़ का कारण वह काम के दबाव को बताता है। यह आदत कितने समय से चल रही है इसके आधार पर एमी जेफ़ की निराशा के लिए ख़ुद को एक पंचिंग बैग (यानी अंदर दबा सारा क्रोध उस पर निकाल देना) की तरह महसूस कर सकती है। वह भी क्रोध और असंतोष विकसित कर सकती है। यदि ऐसा होता है तो क्रोध, और अधिक क्रोध की एक लंबी श्रृंखला बना सकता है।

क्रोध से छुटकारा पाने के स्वस्थ तरीक़ों, जैसे किसी मित्र या परामर्शदाता से बात करना, व्यायाम करना या ध्यान करना आदि, की कमी के कारण प्रियजनों पर क्रोध निकालने के अनुचित तरीक़े को बल मिलता है। जेफ़ का गुस्सा उसे क्या बता रहा है? शायद, "आप असफल होने और कमज़ोर दिखने से डरते हैं। आपने अपने भीतर बहुत कुछ छिपा रखा है। इससे पहले कि आप एमी के साथ अपने रिश्ते को और अपनी नौकरी में आगे बढ़ने की सम्भावनाओं को नष्ट कर लें कृपया इस डर से निपटें जो गुस्से के रूप में दिखाई दे रहा है।"

क्रोध और बीमारी

क्रोध को पकड़े रखना न केवल कार्यस्थलों और घर पर या रिश्तों पर बल्कि हमारे शरीर पर भी प्रतिकूल प्रभाव डालता है। शोध से पता चलता है कि दीर्घकालिक शारीरिक दर्द मानसिक आघात से सम्बन्धित होते हैं। तनावग्रस्त होने पर हम अपने मानसिक आघात को फिर से अनुभव करने लगते हैं।[40] पूर्वी चिकित्सा जैसे चीनी चिकित्सा[41] और आयुर्वेद[42] के अनुसार क्रोध यकृत से जुड़ा हुआ है।

साथ ही क्रोध शरीर में गर्मी के रूप में प्रकट होता है। इसलिए ये उपचार परंपराएँ नारियल और जड़ीबूटी शतावरी जैसे ठंडे खाद्य पदार्थों को लेने का सुझाव देती हैं और लहसुन व मिर्च जैसे तीखे खाद्य पदार्थों का सेवन न करने की सलाह देती हैं जैसा कि उन्होंने मेरे लिए किया था। मेरा दबा हुआ गुस्सा अपने पैरों के रास्ते से निकलता है जिस के कारण मेरी एड़ियाँ फटती हैं, उनसे चमड़ी के छिलके निकलते हैं और उनमें खुजली होती है। यह पिछले चार साल से चल रहा है।

मैंने उलझन में डालने वाली अपने पैरों की स्थिति को समझने की कोशिश की। पारंपरिक डॉक्टर रोग को समझने में असमर्थ रहे और मात्र यही कहा कि यह एक ऑटोइम्यून रोग का परिणाम था। फिर मैंने क्रोध के बारे में बहुत कुछ पढ़ा। पाँच वैकल्पिक चिकित्सकों ने अलग-अलग तरह से इसको समझा और कहा कि जब मैं एक छोटी बच्ची थी तब मेरे साथ हुए दुर्व्यवहार के कारण मेरा शरीर क्रोधित होता है। इन चिकित्सकों में दो एक्यूपंक्चर चिकित्सक, एक ओझा, एक एक्यूप्रेशर तथा चीनी चिकित्सा विशेषज्ञ और एक वैदिक ज्योतिष व आयुर्वेद विशेषज्ञ हैं।

मैं गुस्से को भावनाओं के माध्यम से व्यक्त नहीं कर रही थी। मेरा शरीर इसे याद करता था इसलिए यह शारीरिक स्तर पर निकल रहा था। क्रोध ने मुझे यह संदेश दिया, "तुम्हारे साथ भावनात्मक रूप से जो हुआ उसे समझने के लिए तुम बहुत छोटी थी लेकिन तुम्हारा शरीर उसे याद रखता है। तुम्हें इसे निकल जाने देना चाहिए। इस क्रोध को तुमसे बाहर निकलना ही होगा। ख़ुद के प्रति दयालु रहो और धैर्य रखो।"

[40] सुसैन बैबल MFT, PhD. 2010. द कनेक्शंस बिटवीन इमोशनल स्ट्रेस, ट्रॉमा एंड फिज़िकल पेन : क्रोनिक पेन कैन बी कॉस्ड बाय ट्रॉमा एंड स्ट्रेस। साइकोलॉजी टुडे। https://www.psychologytoday.com/intl/blog/somatic-psychology/201004/the-connections-between-emotional-stress-trauma-and-physical-pain

[41] कैथी वॉन्ग. 2020. इमोशंस इन ट्रेडिशनल चाइनीस मेडिसिन। https://www.verywellmind.com/emotions-in-traditional-chinese-medicine-88196

[42] बेस ओ'कोनोर. 2015. 7 वेज़ टू टेम एंगर विथ आयुर्वेदा। https://spiritualityhealth.com/articles/2015/04/17/7-ways-tame-anger-ayurveda

यह जानने के बाद मैंने क्रोध से छुटकारा पाने की इस कठिन प्रक्रिया में ख़ुद का मित्र बनने की ओर ध्यान केन्द्रित करना शुरू किया – ऐसा मित्र जो मेरी आलोचना न करे। मैंने उन लोगों को माफ़ कर दिया जिन्होंने मुझे आघात पहुँचाया था, जिस हद तक कि मैं उनकी पहचान का पता लगा सकती थी। जैसे ही मैंने अपने मानसिक आघात को बाहर निकाल दिया और ख़ुद से प्रेम करने लगी व दूसरों को क्षमा किया वैसे ही मेरे पैर ठीक होने लगे।

मेरी एक पूर्व मरीज़ जीना, अपनी माँ पर क्रोधित है क्योंकि जब वह एक छोटी बच्ची थी तब उसकी माँ ने सौतेले पिता को लगातार उससे दुर्व्यवहार करने दिया। उसके चेहरे और शरीर पर चोट के निशान उसका गुस्सा दिखाने के तरीक़ों में से है। वह उन्हें और खरोंचती है जो मानसिक आघात का संकेत है और निशान गहरे व खराब होते जाते हैं। मैं, जिसके ख़ुद के बहुत गहरे घाव थे और जो अपने चेहरे के घावों को कुरेदती थी और बदसूरत महसूस करती थी; मैं जीना के साथ समानुभूति रख पाई। उसने मुझे अपने कोच के रूप में चुना क्योंकि मैं समझ सकती थी कि प्रताड़ित होना कैसा लगता है।

मैंने जीना को ख़ुद से प्रेम करने का महत्व समझाया जो हमें आत्म-हानिकारक आदतों को छोड़ने में मदद करता है। मैं ख़ुद से प्रेम के विषय पर बाद में बात करूँगी। उससे पहले क्रोध हमें कैसे संदेश देता है इसके कुछ और उदाहरणों को देखेंगे। जीना के मामले में उसका गुस्सा उसे एक महत्वपूर्ण संदेश दे रहा था, "यह दुर्व्यवहार इतने लंबे समय से चल रहा है कि यह तुम्हें गंदा, अप्रिय और बदसूरत महसूस करा रहा है। तुम अपने घावों को कुरेद कर इसे दर्शा रही हो। कृपया भीतर छिपी समस्या का सामना करो – तुम अपनी माँ और सौतेले पिता से क्रोधित हो।"

जीना इसका सामना कैसे कर सकती है और अपना क्रोध कैसे मुक्त कर सकती है? वह ख़ुद को अपने सौतेले पिता और माँ से कैसे अलग कर सकती है? जीना का काम था ख़ुद का बचाव करना और कोचिंग की मदद से वह क्रोध से बाहर निकलने और अपने परिवार से अलग रहने में सक्षम बनी। अब वह अपने गुस्से से बाहर आ रही है और अपने लिए, अपनी माँ व अपने सौतेले पिता के प्रति करुणा दिखा रही है।

मानसिक आघात, दुर्व्यवहार और बदला

कभी-कभी क्रोध बदले के रूप में निकलता है। एक अन्य मरीज़ केट के साथ उसके एक भाई ने किशोरावस्था में छेड़छाड़ की थी। वह असहाय महसूस कर रही थी और उसने घर से भागने का निर्णय लिया। अंततः यह तब मुमकिन हुआ जब वह स्कूल चली गई। उसके भाई और जिसने भी उसे जीवन भर भावनात्मक रूप से नुकसान पहुँचाया था, उसका दबा हुआ क्रोध उन सभी से बदला लेने की इच्छा रखने के रूप में दिखाई दिया। मेरी तरह उसने भी अपने पैरों पर बड़ी दरारों के रूप में मानसिक आघात का अनुभव किया।

जब मैंने केट के साथ काम करना शुरू किया तो मुझे एहसास हुआ कि एक अच्छे दिल वाली, प्रेम करने वाली व दयालु इंसान होने के बावजूद केट वर्षों तक क्रोध और बदला लेने की भावनाओं को मन में पाले हुए थी। केट मधुमेह, उच्च रक्तचाप और कई ऑटोइम्यून स्थितियों सहित जीवनशैली सम्बन्धी जोख़िम कारकों से पीड़ित थी जिसने उसके पैरों, हाथों और बालों को प्रभावित किया।

हमने बदला लेने की भावनाओं को मिलकर जानने की कोशिश की। उसे एहसास हुआ कि वह वर्षों से अपने भाई, परिवार के अन्य सदस्यों और सहकर्मियों द्वारा किए गए दुर्व्यवहार के प्रति रोष को अपने दिल में छिपाए हुए थी। पाँच साल की ऊर्जा चिकित्सा, ध्यान, कोचिंग और स्वयं के प्रति प्रेम पर एक पाठ्यक्रम के माध्यम से केट अपनी जीवनशैली की मुश्किलों को बदलने में सक्षम हुई और महसूस करने लगी कि जिन लोगों ने उसके साथ दुर्व्यवहार किया था उन्हें भी दुर्व्यवहार का सामना करना पड़ा होगा। उसके भाई का पहले ही निधन हो चुका था लेकिन वह उसे माफ़ करने और अपने जीवन में आगे बढ़ने में सक्षम हो चुकी थी। वह अपने क्रोध को समाप्त करने और अपने दयालु दिल को अपने जीवन के सूत्र सौंपने में भी सक्षम हो गई थी। केट के क्रोध और बदले ने यह संदेश दिया, "तुम्हें लगता है कि तुम पीड़ित हो क्योंकि तुम वाकई में पीड़ित थी। अपने आप को सशक्त बनाओ और याद रखो कि तुम कौन हो। इस पुराने गुस्से का इलाज करो। माफ़ करो और अपने भीतर से क्रोध को निकाल दो। प्रेम बनो।" केट ने इस संदेश पर ध्यान दिया, उस तरीक़े से काम किया और मुक्ति व ख़ुशी पाई।

शारीरिक, यौन, भावनात्मक और मौखिक दुर्व्यवहार से मानसिक आघात, ये क्रोध के सामान्य कारण हैं। अत्यधिक क्रोध का एक उदाहरण दिखाता है कि क्रोध कितना शक्तिशाली हो सकता है जब हम उसके संदेश पर ध्यान नहीं देते हैं। एक पूर्व मरीज़ बिल, जब वह छोटा था तब उसका बलात्कार किया गया था। हमने उसके डर और एक उद्देश्यपूर्ण जीवन न जीते हुए छिपने की प्रवृत्ति को मुक्त करने पर काम किया। बिल ने प्रशिक्षण लिया जिसमें निर्देशित ध्यान, ख़ुद के लिए सकारात्मक सुझाव और विशिष्ट अभ्यास शामिल थे जिसके कारण वह अपने नए पेशे को शुरू करने की दिशा में आत्मविश्वास पैदा कर सका और वह कामयाब होने लगा।

हालाँकि जल्द ही एक नया पैटर्न उभरा। बिल को जब ख़तरा महसूस होता तब उसका गुस्सा बिना किसी चेतावनी के फूट पड़ता। बिल अस्थिर था, लेकिन कोई भी व्यक्ति इसे तब तक नहीं जान पाता जब तक कि वह इस उग्र क्रोध के विस्फोटों का सामना नहीं करता। क्योंकि मैंने उसके साथ काम किया है इसलिए मैं उसके कई मौखिक प्रहारों का निशाना बनी। बिल के क्रोध के स्वरूप की महत्वपूर्ण विशेषता यह थी कि यह पूरी तरह से अवचेतन था। उसे इस बारे में कोई समझ ही नहीं थी कि जिस किसी पर वह अपना क्रोध निकालता था उसके लिए वह कितना विनाशकारी हो सकता था। जब मैंने उसे समझाया कि वह क्या कर रहा था तो उसे विश्वास नहीं हुआ। मेरे परिवार और मुझ पर मौखिक रूप से अपना क्रोध निकालने के दूसरे दिन ही वह हमें ऐसे मिलने चला आता था जैसे कि कुछ भी नहीं हुआ हो। वह चाहता था कि हम उसके साथ काम करते रहें। मुझे बिल के साथ काम करना बंद करना पड़ा क्योंकि उसने यह स्वीकार करने से इनकार कर दिया कि उसका गुस्सा हानिकारक था।

बिल का गुस्सा उसे यह संदेश दे रहा था, "क्रोध आपके जीवन का एक ख़तरनाक हिस्सा बन गया है। जब भी आपको ख़तरा महसूस होता है, आप लोगों को मारने पर उतर आते हैं। आप इसे स्वीकार नहीं करेंगे लेकिन आप इस स्तर के क्रोध के साथ अपने रिश्तों और पेशे का ख़ुद विनाश कर रहे हैं। इसके लिए कुछ करें। इस पर ध्यान देने की कोशिश करें। इस गुस्से को स्वीकार किया जाना चाहिए और इस व्यवहार को सुधारना चाहिए।"

बिल के गुस्से के पीछे उसका गहरा दर्द और असुरक्षा की भावना है कि उसका अपमान किया गया था और उसे ऐसा फिर से होने का डर है। वह अवचेतन रूप से ऐसी किसी भी चीज़ को रोकने की कोशिश करता है जिसे वह अधिक दर्द के रूप में देखता है। लेकिन इस प्रक्रिया में वह सामान्य टिप्पणियों पर भी प्रतिक्रिया करता है व उन लोगों को भी चोट पहुँचाता है जो उसका सहयोग और मदद करने में सबसे अधिक सक्षम हैं। यह आत्म-विनाश, मानसिक आघात और स्वयं के प्रति प्रेम की कमी के संकेतों में से एक है।[43]

मानसिक आघात पर काम करने के दौरान मैंने विभिन्न पृष्ठभूमि और विभिन्न देशों के लोगों में क्रोध के अन्य उदाहरणों को देखा है जो बिल के क्रोध के समान ही हैं। उदाहरण के लिए, सैंडी ने अपने क्रोध पैटर्न को छोड़ने से मना कर दिया। यह सहकर्मियों और सहयोगियों के साथ बातचीत करने के उसके तरीक़े का भाग बन गया है। वह उनके आत्मविश्वास और आत्मसम्मान को आघात पहुँचाती रहती है और इसे बताने के किसी भी प्रयास के उत्तर में वह दूसरों को दोष देने लगती है। सैंडी बस यही कहेगी "यदि आपको यह पसंद नहीं है तो छोड़ दें। आप ही समस्या पैदा कर रहे हैं।" लुईस गहरे क्रोध और अपराधबोध के साथ एक कैंसर पीड़ित व्यक्ति है। वह गुस्से से आग-बबूला हो जाती है और फिर कुछ ही समय में ऐसे बरताव करती है मानो कुछ हुआ ही न हो। उसे यह दिखाने का कोई भी प्रयास कि वह अपने मन में क्रोध को पाले हुए है, उसे अधिक क्रोधित करता है और वह आरोप लगाती है कि कोई भी उसे नहीं समझता।

दुःख की बात है कि ऐसे मामलों में व्यक्ति को अवचेतन रूप से प्रेम पर संदेह होता है क्योंकि एक बच्चे के रूप में उन्हें यह नहीं मिला होता। प्रेम के बदले उन्हें दुर्व्यवहार मिला। इसलिए क्रोध जीवन का एक हिस्सा और एक पक्की आदत बन गया है। विनाश और पीड़ा इन लोगों को पीड़ित करती है क्योंकि

[43] सेल्फ सबोटाज पर अधिक जानकारी के लिए देखें, 'द पाथ टू रोमांटिक सक्सेस : व्हॉट यू वुंट लर्न इन स्कूल एंड एट होम अबाउट टू लव'। https://amzn.to/2VtjBgr

ये लोग दर्दनाक और परिचित अतीत को छोड़ नहीं पाते हैं। इसलिए वे दबे हुए क्रोध के साथ उस अतीत को बार-बार जीते रहते हैं जो उनके डर का मुखौटा बना हुआ है।

स्वयं के प्रति प्रेम और करुणा का अभ्यास

हमारे जीवन में क्रोध एक प्रभावकारी शक्ति है। हम क्रोध से कैसे निपटते हैं या कैसे इसकी उपेक्षा करते हैं यह इस बात पर असर डालता है व तय भी कर सकता है कि हम एक व्यक्ति के रूप में कैसे विकसित होते हैं, हम घर और कार्य क्षेत्र पर कितनी अच्छी तरह से रिश्तों को सम्भालते हैं, हम कितने प्रभावी ढंग से अपने पेशे को सम्भालते हैं और अंततः हम ख़ुद को व दूसरों को कितनी अच्छी तरह प्रेम कर सकते हैं।

सभी प्रकार के प्रेम की नींव स्वयं के प्रति प्रेम है। जब हम पूर्ण रूप से जैसे हम हैं उसी रूप में ख़ुद से प्रेम करने की आदत बनाते हैं तब यह हमें अपने अंतरतम तक जाने और अपने मानसिक आघात के साथ जीने का साहस और क्षमता देता है। स्वयं के प्रति प्रेम के बिना हम उन मानसिक आघातों को लेकर अभिभूत, दुःखी, उदासीन या सनकी हो सकते हैं जिनका हमने सामना किया था।

एक अच्छा कोच या मार्गदर्शक ऐसे समय में बहुत मददगार होता है जो एक सुरक्षित और प्रेम करने वाला माहौल बना सकता है जिसमें स्वयं के प्रति प्रेम पैदा किया जा सके। एक बार यदि हम वास्तव में ख़ुद से प्रेम करने लगते हैं तो फिर हम अपने मानसिक आघात को समझ पाते हैं और उस पर काम भी कर सकते हैं। क्रोध उस मानसिक आघात के बारे में एक विश्वसनीय संदेशवाहक है जो अभी भी हमारे अंदर मौजूद है। क्रोध का उपयोग एक सहायक साधन के रूप में करते हुए हम अपने मानसिक आघात की जाँच करके इसे दूर करना प्रारम्भ कर सकते हैं। जैसे ही हम मानसिक आघात और इसके लक्षण यानी क्रोध से मुक्त होते हैं, हम अपनी सारी रचनात्मकता, आश्चर्य, जिज्ञासा, ख़ुशी और प्रेम के साथ अपने मूल एवं वास्तविक स्वभाव पर लौटना शुरू कर देते हैं। यह सही है कि मानसिक आघात होने से पहले हम जो थे उसकी मासूमियत को वापस नहीं ला सकते लेकिन हम

और भी बेहतर कर सकते हैं। हम उस मानसिक आघात को ठीक करने से अपने वास्तविक अस्तित्व को मज़बूत कर सकते हैं।

स्वयं के प्रति प्रेम पैदा करने से हमें आगे की अपमानजनक स्थितियों को टालने के लिए सुरक्षित सीमाएँ निर्धारित करने में भी मदद मिलती है। स्वयं के प्रति प्रेम का अर्थ है अब और अपमानजनक व्यवहार को स्वीकार नहीं करना क्योंकि आप स्वयं को प्रेम करते हैं और स्वयं का सम्मान करते हैं। यदि आप वाकई में पूर्ण रूप से किसी से प्रेम करते हैं और वे फिर भी आपसे दुर्व्यवहार करते हैं तो इसका मतलब है कि चाहे आप फिर भी उनसे प्रेम करते रहें लेकिन ख़ुद को बचाने के लिए अपने व उनके बीच सीमाएँ निर्धारित कर लें। उदाहरण के लिए, यदि वे किसी बच्चे से दुर्व्यवहार कर रहे हैं तो आपको हस्तक्षेप करना चाहिए। जब यह हस्तक्षेप नहीं होता है, जैसा कि जीना के मामले में हुआ, तो यह सम्भावना है कि उसकी माँ के साथ भी दुर्व्यवहार किया गया था। ऐसा इसलिए कहा जा सकता है क्योंकि उसके पास कम आत्मविश्वास, आत्मसम्मान और साहस है जिसके कारण वह अपने बच्चे की रक्षा करने में असमर्थ है। यदि अन्य लोग आपको हानि पहुँचा रहे हैं तो आपको अपनी सुरक्षा के लिए सीमाएँ निर्धारित करनी चाहिए। ऐसी सीमाएँ स्वयं के प्रति प्रेम के सुरक्षित स्तर के होने का विश्वसनीय संकेत हैं।

स्वयं के प्रति प्रेम के अतिरिक्त चिंतनशील साधन जैसे ध्यान, योग, डायरी लिखना और मनन करना आत्म-उपचार के लिए महत्वपूर्ण हैं। जब हम नियमित रूप से ध्यान करते हैं और डायरी लिखते हैं तब हम क्रोध सहित सभी मानसिक आघातों के संकेतों को समझने लगते हैं और उनसे अधिक सफलतापूर्वक दूरी बनाए रख सकते हैं साथ ही अधिक समझदार और करुणामय बन सकते हैं।

निरंतर चिंतनशील अभ्यास के साथ हम क्रोध के संदेश के दूसरे पक्ष तक पहुँचेंगे यानी स्वयं के प्रति प्रेम। अब हमारे लिए बातचीत में खुलापन लाना और दूसरों के लिए करुणा रखना सम्भव हो जाता है क्योंकि हमें एहसास हो जाता है कि हम सभी को मानसिक आघात होते हैं। जब क्रोध का प्रारम्भ हो रहा हो तो हमें इसे अपने अंदर के मानसिक और भावनात्मक स्थान में रखकर इसकी जाँच करनी चाहिए, इसके संदेश को समझना चाहिए और दूसरों तथा स्वयं के प्रति प्रेम और करुणा के साथ उसका सामना करना

चाहिए। क्रोध के तेज़ प्रवाह में बह जाने की बजाए हम अवलोकन और हल्केपन के कवच के साथ जीना सीखते हैं। उस कवच में हम अपनी भावनाओं के प्रति सतर्क होने के कारण प्रतिक्रिया करने से बचे रहते हैं तथा शांति, करुणा और सच्चाई के साथ प्रतिक्रिया कर पाते हैं।

यह बड़ी रोचक बात है कि अक्सर तीव्र क्रोध वाले लोगों को ध्यान करना मुश्किल लगता है। वे चिंतनशील तकनीकों पर विश्वास नहीं करते क्योंकि अपने मन के साथ मौजूद रहना उनके लिए बहुत असहज होता है। अक्सर ध्यान की तकनीक को अप्रभावी बताया जाता है। लोग दूसरों पर भरोसा कर सकें और अपने मन को नियमित करके क्रोध को दूर कर पाएँ, ऐसे तरीक़े खोजने में उनकी मदद करने के लिए अधिक प्रयास करने की आवश्यकता है।

अंत में लगातार चिंतनशील अभ्यासों से हम क्रोध और अन्य भावनाओं को समझने लगते हैं। सभी भावनाएँ संदेशवाहक होती हैं जो हमें यह महत्वपूर्ण जानकारी देती हैं कि मानसिक आघात कहाँ छिपा हुआ है और कहाँ उपचार की आवश्यकता है। जैसे ही हम ख़ुद को पुनर्स्थापित करते हैं और अपने प्रेम को स्वयं से लेकर अन्य लोगों में विस्तारित करना शुरू करते हैं तो हम पाते हैं कि हम सभी एक हैं। हम समझ जाते हैं कि दुर्भाग्य, दुरुपयोग, आघात और उपचार के विभिन्न विवरणों के साथ हमारी सामूहिक यात्रा एक समान है। करुणा हमारे जीवन का मुख्य अंग बनने लगती है। हम इस तथ्य को जान पाते हैं कि क्रोध हमेशा एक दूत रहा है जो हमें अपने वास्तविक स्वभाव और प्रेम की सूचना देता है। हमारी सामूहिक यात्रा प्रेम बनने के विषय में है। क्रोध लक्ष्य की ओर युक्तिपूर्ण दिशाएँ दिखाता है और महत्वपूर्ण संदेश देता है कि कैसे हम मानसिक आघात के उपचार द्वारा अपना वास्तविक स्वभाव प्राप्त कर सकते हैं और उसे बनाए भी रख सकते हैं।

मैरिलिन के सुझाव

भावनाएँ आपकी आंतरिक स्थिति की संदेशवाहक हैं। वे किसी अच्छे कारण के लिए ही उभरती हैं। ध्यान दें कि वे आपको क्या बता रही हैं। क्रोध एक शक्तिशाली और परिवर्तनशील संदेशवाहक है।

क्रोध वर्तमान में शुरू होता है लेकिन क्रोध का स्त्रोत अक्सर अतीत में होता है।

भय जैसी अन्य भावनाओं को क्रोध छिपा सकता है और असंतोष जैसी अन्य भावनाओं को जन्म दे सकता है।

जिस क्रोध को दूर नहीं किया जाता, उसे आपका शरीर याद रखता है। इसे दूर करने में समय लगता है इसलिए ख़ुद के प्रति दयालु बनें और धैर्य रखें।

दूसरों को माफ़ करने, मानसिक आघात से छुटकारा पाने और स्वयं के प्रति प्रेम का अभ्यास करने के तरीक़े खोजें।

अभ्यास –

* एक सक्षम मार्गदर्शक या कोच ढूँढें जो एक सुरक्षित और प्रेम करने की गुंजाइश बना सकता है जिसमें स्वयं के प्रति प्रेम किया जा सके।
* क्रोध का उपयोग मानसिक आघात की जाँच करने और उससे छुटकारा पाने के लिए एक सहायक साधन के रूप में करें।
* आत्म-उपचार के लिए ध्यान, योग, डायरी लेखन और चिंतन महत्वपूर्ण हैं।

भावनाओं की अभिव्यक्ति और उनका क्रमिक-विकास

विक्टर कन्नन

विक्टर कन्नन के बारे में

विक्टर हार्टफुलनेस संस्थान, अमरीका के निदेशक हैं। यह एक अंतर्राष्ट्रीय लाभ-निरपेक्ष संस्था है जो 150 देशों में कार्य करती है। विक्टर ने अर्थशास्त्र में स्नातकोत्तर उपाधि प्राप्त की है और सन् 1980 से अमरीका के कॉर्पोरेट क्षेत्र में कई वरिष्ठ कार्यकारी पदों पर कार्य किया है। वे हार्टफुलनेस ध्यान पद्धति के प्रमाणित प्रशिक्षक हैं।

विक्टर अपनी पत्नी के साथ अटलान्टा, जॉर्जिया में रहते हैं और उनकी बेटी कैलिफ़ोर्निया में रहती है। एक स्वतंत्र विचारक होने के नाते वे अक्सर विभिन्न पत्रिकाओं, ब्लॉग साईट्स आदि के लिए लिखते रहते हैं। उनके प्रिय विषय हैं – आत्मविकास, अध्यात्म और ध्यान।

मेरी कहानी

मैं बहुत बड़े परिवार में पला-बढ़ा। मेरी माँ सोलह भाई-बहनों में सबसे बड़ी थीं। मेरी माँ और पिता के परिवार में कुल मिलकर पचास से ज़्यादा भाई-बहन हैं और लगभग सौ भतीजे-भतीजियाँ। मैंने न सिर्फ़ जन्मदिन बल्कि शादियाँ, सगाई, धार्मिक उत्सव आदि जैसे अनेक शुभ कार्यों में भाग लिया जो किसी बड़े परिवार में हो सकते हैं। हम बच्चों के लिए यह मस्ती व धमाचौकड़ी का समय होता था – मिलना-जुलना, इधर-उधर भागते रहना, खाना-पीना, तोहफ़े लेना और फिर घर लौट जाना। मैं छः भाई-बहनों में सबसे छोटा हूँ।

मैं जब बीते वर्षों पर नज़र डालता हूँ तो मुझे याद नहीं आता कि मैंने अपने परिवार में किसी को भी, यहाँ तक कि अपने पिताजी को भी कभी क्रोधित होते हुए देखा हो। जब मैं बड़ा हुआ तो मुझे मालूम ही नहीं था कि क्रोध को कैसे व्यक्त किया जाता है।

अपनी 20 वर्ष की उम्र से ही मैं ऐसी ज़िम्मेदारियों को निभाते हुए जगह-जगह जा रहा था जो मेरे सामर्थ्य के बाहर लगती थीं और तभी मुझे एहसास हुआ कि मेरे बहुत दोस्त नहीं हैं। मैं अपनी ज़िम्मेदारियों को दिल से निभाता और उन्हें अपनी समझ व सामर्थ्य के अनुसार पूरा करने का प्रयास करता था। मुझे नहीं लगता कि मेरे वयस्क होने तक मेरे सामने ऐसी कोई भी परिस्थिति आई हो जब मुझे क्रोध आया हो। जब ऐसी परिस्थितियाँ उभरीं तब क्रोध को कैसे व्यक्त करना है यह न जानने के कारण मैं निराश और चिंतित हो गया तथा अंतर्मुखी होकर किसी ऐसे व्यक्ति को ढूँढने लगा जो मुझे समझ सके।

अपने 30वें वर्ष में मुझे कुछ ऐसी कठिन परिस्थितियों का सामना करना पड़ा जिनसे निपटने की समझ मुझमें नहीं थी। उन परिस्थितियों में क्रोध और उसकी अभिव्यक्ति की जगह सदमा, आश्चर्य और दुःख मेरी प्रतिक्रिया थे। मुझे क्रोधित होना नहीं आता था इसलिए यह सोचते हुए कि मैं कैसी प्रतिक्रिया दूँ, मैं अत्यधिक निराश हो गया और मेरी रातों की नींद उड़ गई। मैं भावनात्मक

तौर पर बिना चुनौतियों के पला-बढ़ा था इसलिए यह समझने में असमर्थ था कि भावनात्मक उथल-पुथल क्या होती है।

जब नौकरी की सम्भावनाओं की वजह से मैं घर छोड़कर निकला तब समझ आया कि मैं अंतर्मुखी हूँ। मुझे सार्वजनिक स्थलों में बोलने में डर लगता था। मैं समाज में विविधता और भिन्न-भिन्न विचारधाराएँ देख रहा था। इसलिए मैं अंतर्मुखी ही रह गया और सामाजिक मेल-जोल से डरने लगा। अब सोचता हूँ शायद इस भय ने भी मुझे क्रोध अभिव्यक्त करने से रोक दिया। मुझे लगता है कि जहाँ डर होता है वहाँ क्रोध दबा रह जाता है। यह सम्भवतः एक भयावह स्थिति है।

मैंने ग्यारह वर्ष की उम्र में अंधेरे और अकेलेपन को लेकर अपने डर पर काबू पाने की कोशिश की। उसके लिए मैं रात के समय जंगल में अकेले घूमा करता। मैंने डर पर काबू पाने का निश्चय कर लिया था। लेकिन गुज़रते समय के साथ मुझे ऊँचाइयों का, हवाई यात्रा का, कार चलाने का और भूतों का भी डर लगने लगा। इनमें से अधिकांश पर मैंने बहुत जल्दी सचेत होकर काबू पा लिया। मैंने एक प्रेरक वक्ता को 'डर' की व्याख्या करते हुए सुना कि डर यानी FEAR 'फॉल्स एविडेंस अपीयरिंग रीयल' (नकली प्रमाण का सच प्रतीत होने) का संक्षिप्त रूप है। अब मैं कह सकता हूँ कि मेरा अधिकांश डर जा चुका है। मैं जिसके भी साथ रहूँ अपने आप में बहुत महफ़ूज़ हूँ।

भिन्न-भिन्न लोगों के उत्तेजित होने के अलग-अलग कारण होते हैं। कई वर्षों तक ख़ुद का विश्लेषण करने के बाद मेरी समझ में आया कि जब कोई मेरी नीयत को ग़लत समझता है या मेरी अच्छाई का फ़ायदा उठाता है या आमतौर पर अन्यायपूर्ण व्यवहार करता है तब मैं उत्तेजित हो उठता हूँ। नब्बे के दशक की एक ख़ुशनुमा सुबह जब मैं उठा तब ये शब्द साफ़-साफ़ मेरे हृदय से उभर रहे थे, "न्याय की अपेक्षा रखना अपने आप में अन्यायपूर्ण है।" ये एक बहुत बड़ा खुलासा था और इसने ग़लतफ़हमी से होने वाली जटिलता को कम कर दिया। मुझे महसूस हुआ कि दबी हुई निराशा गुस्से के रूप में तब प्रकट होती है जब सामने वाला बार-बार मेरी नीयत को ग़लत समझते हुए मुझे दोषी ठहराता है।

मैं दस-बीस वर्षों के बाद क्रोध प्रकट करने में कुशलता हासिल कर पाया। प्रिय पाठकों, क्या यह आपको विचित्र लगता है? इसमें कुशलता कैसे हासिल की जा सकती है जब यह अक्सर एक असंयमित और बोधरहित सहज प्रतिक्रिया होती है? जब गुस्सा तीव्र हो जाता है तब स्नायुतंत्र ठीक से काम नहीं करता है और तत्कालीन हालात से हम दूर हो जाते हैं। यही नहीं हम घटनाओं का वह क्रम ही भूल जाते हैं जिसके कारण क्रोध बढ़ा था। इससे आत्ममंथन और अपने स्वभाव को बदलने के हमारे सामर्थ्य पर विपरीत असर पड़ता है।

निराशा या कुंठा का क्रोध में बदल जाना एक स्वाभाविक प्रक्रिया है जो उस परिस्थिति के प्रति होती है जो हमारी मनोवैज्ञानिक मनःस्थिति से मेल नहीं खाती। इससे सही तरह से निपट पाना बहुत महत्वपूर्ण है। अति क्रोध, प्रचंड रोष, स्नायुतंत्र का ठीक से काम न करना, आदि उतने ही हानिकारक हैं जितना क्रोध के लिए जायज़ परिस्थिति होने पर भी क्रोध को प्रकट न करते हुए 'स्तब्ध रह' जाना होता है। अव्यक्त प्रतिक्रिया की जमी हुई ऊर्जा से सदमा होता है जिसे ठीक करने में दशकों लग जाते हैं। अनियंत्रित प्रचंड क्रोध न केवल स्वयं को बल्कि दूसरों को भी बहुत क्षति पहुँचाता है जो उसका निशाना बनते हैं। कई बार तीव्र क्रोध हमारे परिवार के प्रिय सदस्यों को ऐसी क्षति पहुँचाता है कि उसके बदलने की उम्मीद नहीं रहती।

हाल के कुछ वर्षों में शायद मेरा क्रोध डर की जटिलता के बिना विशुद्ध रूप से अभिव्यक्त हो रहा है। जब मैं सहकर्मियों से नाराज़ होता हूँ तो यह ज़्यादातर उनके झूठे आचरण के लिए होता है। मैं अपने पिता की मिसाल का अनुगमन करता हुआ न तो सार्वजनिक तौर पर उनका अपमान करता हूँ न ही निरादर और सब कुछ ठीक करने का प्रयास करता हूँ। मैं इस प्रक्रिया में चाणक्य की चार नीतियों का इस्तेमाल करता हूँ – अनुरोध, पुरस्कार, सज़ा, आघात।

जब मुझे क्रोधित होने के कुछ मामले याद आते हैं तो वे बहुत स्वाभाविक से लगते हैं हालाँकि जिन लोगों पर मैं क्रोधित हुआ उनके लिए अफ़सोस भी होता है। मुझे अपनी मूर्खतापूर्ण ग़लतियों या टिप्पणियों पर बड़ी झुँझलाहट होती है लेकिन फिर आत्मनिरीक्षण करके मानसिक अवलोकन करता हूँ कि

उस स्थिति को कैसे सुधारा जाए। मैं चिंतन करता हूँ कि कैसे शुरू से ही मैं उन परिस्थितियों को टाल सकता था। मैं उन परिस्थितियों का विश्लेषण करता हूँ ताकि यह समझ सकूँ कि इस क्रोध की शुरुआत कहाँ से हुई और बिना क्रोधित हुए बातचीत कैसे की जा सकती है।

मैं बाईस साल की उम्र से हार्टफुलनेस अभ्यास कर रहा हूँ। इससे मुझे अपनी भावनाओं को विकसित करने और अभिव्यक्त करने में मदद मिली है। यह समझना बहुत ज़रूरी है कि जटिल और सरल भावनाओं के बीच क्या अंतर होता है। जब दो या अधिक भावनाएँ अलग-अलग मात्राओं में और अलग-अलग तीव्रता लिए साथ आ जाती हैं तब वे जटिल भावनाओं की ठोस गुत्थी का रूप ले लेती हैं। जटिलता की इस गुत्थी को ढीला करते ही हम भाव के विशुद्ध रूप में पहुँच जाते हैं। क्रोध आवेश के समान है और आवेश प्रेम की अभिव्यक्ति है। अतः प्रेम और क्रोध का यह सहज सम्बन्ध जितना विलक्षण है उतना ही उसे समझना भी बहुत ज़रूरी है।

ऋषियों का ज्ञान

महात्मा बुद्ध ने कहा था, “गुस्से को पकड़कर रखना किसी कोयले के गरम टुकड़े को पकड़कर रखने की तरह है, तुम उसे किसी पर फेंकने का इरादा रखते हो जब कि तुम स्वयं उससे जल रहे होते हो।” जहाँ तक प्रेम की बात है उन्होंने हमें यह सिखाया कि “पूरे संसार के प्रति असीमित प्रेम दर्शाओ – नीचे, ऊपर, दूर-दूर तक, निर्बाध रूप से, बिना दुर्भावना के और बिना शत्रुता के।” इस विचार को आगे बढ़ाते हुए उन्होंने अपने शिष्यों से सभी को इस त्रिमुखी सत्य को सिखाने को कहा – “एक उदार हृदय, दया से भरे वचन, सेवापूर्ण जीवन और करुणा, यही बातें मानवजाति को नवीन बनाती हैं।”

लालाजी (श्री रामचंद्र 1873-1931) नामक संत उन्नीसवीं सदी नें भारत में रहते थे। दो लोग जो एक-दूसरे से मतभेद रखते हैं, उनके सम्बन्ध और मन की आंतरिक दशा को बदलने के लिए उन्होंने एक सरल और प्रभावशाली तरीक़ा सुझाया। मैं इस तकनीक का पिछले पाँच सालों से अभ्यास कर रहा हूँ। यह किसी ऐसे व्यक्ति, जिसने मुझे दुःख दिया या गुस्सा दिलाया, उसके प्रति हृदय में सहानुभूति और करुणा की संवेदना का विकास करना है और उसके बाद उस व्यक्ति को प्रेम भरे विचार भेजना है। कार्य स्थल या परिवार

में जब कभी परिस्थितियाँ कठिन होती हैं और मैं परेशानी, क्रोध या ग़लतफ़हमी का शिकार हो रहा होता हूँ तब मैं इसका प्रयोग करता हूँ। जब मैं उस व्यक्ति के प्रति प्रेम भरे विचार भेजता हूँ जिसने मुझे क्रोधित किया है तब मैं ख़ुद में बहुत बड़े आंतरिक परिवर्तन का अनुभव करता हूँ। यह मेरी चेतना में एक बदलाव लाता है और मैं अधिक हल्कापन व स्पष्टता का अनुभव करने लगता हूँ। यह मुझे उन लोगों के साथ व्यवहार करने में मदद करता है जो मेरी रोज़मर्रा की ज़िंदगी में मुझे उकसाते हैं जिससे मैं उन यादों या परिस्थितियों को पकड़कर नहीं रखता। इस तरह नए तरीक़े से जीवन को शुरू करने से रिश्ते बहुत बेहतर हो गए हैं।

मैंने यह भी सीखा है कि मुझे विभिन्न भावनाओं और एहसासों के लिए शब्दों का अच्छा ज्ञान रखना होगा ताकि मैं साफ़ तौर से अपनी भावनाओं को अभिव्यक्त कर सकूँ। मुझे एहसासों की समझ और उनको उचित शब्दों से जोड़ने की ज़रूरत है। इसके बाद जो उत्तेजना है उसके प्रति उचित प्रतिक्रिया देने के सामर्थ्य का विकास करना है। दुर्भाग्यवश, मैंने यह सब स्कूल या कॉलेज में नहीं सीखा। जीवन की यह पाठशाला बहुत कठिन है और अप्रत्याशित भी। इसमें किसी भी समस्या के लिए कोई सही तरीक़ा या उपाय देने वाला पाठ्यक्रम नहीं है। इसे हमारी अपनी परिस्थितियों और चुनावों पर छोड़ दिया गया है। हमें इस मिसाल को बदलना होगा और सचेत होकर जीना सीखना होगा।

भावनाएँ और अनुभूतियाँ

आज कई मनोवैज्ञानिक भावनात्मक बुद्धिमत्ता (emotional intelligence) की बात करते हैं। डैनियल गोलमैन, जो एक लेखक, विज्ञान-पत्रकार व हॉर्वर्ड में फ़ेलो के पद से विभूषित हैं, उन्होंने इस विषय पर कई किताबें लिखी हैं और जीवन में भावनाओं और उनकी अभिव्यक्ति को सीखने के पक्ष को पहली बार सबके सामने रखा। डॉ. गोलमैन के अनुसार भावनात्मक बुद्धिमत्ता अपने भावावेशों और अनुभूतियों को व्यवस्थित करके उन्हें सही तरीक़े से व्यक्त करने की क्षमता है। अपनी भावनाओं को व्यक्त करना बहुत महत्वपूर्ण है। गोलमैन के अनुसार भावनात्मक बुद्धिमत्ता व्यावसायिक वातावरण में और सामाजिक दायरे में हमारी सफलता के लिए अत्यंत आवश्यक है।

यह आवश्यक है कि हम भावानाओं और अनुभूतियों में अंतर करें क्योंकि हम इन दोनों शब्दों में फेर-बदल करते रहते हैं। मुझे अपने आध्यात्मिक गुरु बाबूजी (रामचंद्रजी 1899-1983) की एक कहानी याद आ रही है। एक बार वे शिष्यों के साथ काफ़ी समय बिताने के बाद विदा ले रहे थे। उन लोगों ने बहुत शांति और प्रेम भरा समय साथ बिताया था एवं उनके शिष्य भावनाओं के आवेग में डूबकर अपने आँसुओं को रोक नहीं पा रहे थे क्योंकि अब उनके गुरु दूर किसी अन्य स्थान पर जा रहे थे। एक पुराने अभ्यासी ने बाबूजी से पूछा कि उनके दुःख और आँसुओं को देखकर उनके चेहरे पर कोई प्रतिक्रिया क्यों नहीं दिखाई दे रही? बाबूजी ने उत्तर दिया कि शिष्यों को जो महसूस हो रहा था वह भावावेश था और उनके मन में जो था वह उनके प्रति अनुभूति थी।

अगर भावनाएँ ठीक से समझी और परिष्कृत नहीं की गईं तो वे अनुभूतियों में विकसित नहीं हो पातीं। भावनाओं की एक परिभाषा यह है कि वे गहरी, प्रत्यक्ष और स्पष्ट शारीरिक प्रतिक्रियाएँ हैं। वे न्येरोट्रांसमीटर्स और शरीर, दिमाग व हृदय की प्रतिक्रिया के फलस्वरूप स्त्रावित हार्मोन्स से सक्रिय होती हैं। हृदय तेज़ी से धड़कता है और शरीर पसीने से तर-ब-तर हो जाता है। अत्यधिक क्रोध में और क्रोध के प्रदर्शन के समय एक तरह का मानसिक अलगाव उत्पन्न हो जाता है जो शरीर की बाकी क्रियाओं को महफ़ूज़ रखने की एक सुरक्षा तकनीक है। जो भी हो अंततः यदि हम बिना किसी आत्म चेतना या संयम के ये भावनात्मक विस्फोट होने देते हैं तो शरीर हार मान जाता है।

अनुभव ने सिखाया है कि अनुभूति इन भावनात्मक प्रतिक्रियाओं के अनुभव की समझ से पैदा होती है चाहे वे कितनी भी मंद या तीव्र हों। ऐसा होने के लिए पहले हमें सीखना होगा कि अपने अनुभव की विभिन्न भावनाओं की पहचान कैसे हो और फिर हमें ऐसी उपयुक्त व रूपांतरित करने वाली नीति अपनानी होगी जिससे वे अनुभूतियों और चेतनापूर्ण सकारात्मक क्रिया में बदल जाएँ।

स्पष्टता और समझ को ध्यान में रखते हुए हम भावनाओं को किसी उत्तेजना के प्रति होने वाली पहली प्रतिक्रिया मान लेते हैं, जैसे स्वाभाविक रूप से उपजी 'लड़ो या भागो या स्थिर हो जाने' की प्रतिक्रिया। इनके विपरीत

अनुभूति कहीं अधिक गहरी, अधिक सूक्ष्म और कम विस्फोटक होती है। अव्यक्त भावनाएँ भावनात्मक ऊर्जा के स्थिर हो जाने की स्थिति पैदा कर सकती हैं, जिसका मानव मन और व्यवहार पर बहुत घातक असर पड़ सकता है। अतः जब भावनाएँ अनुभूतियों में परिवर्तित हो जाती हैं तब अनुभूतियों को समझ-बूझ कर लाभदायक ढंग से व्यक्त किया जाता है।

हम अपनी भावनाओं को कैसे पहचानें? भावनाएँ तब पहचान में आती हैं जब उन पर अमल किया जाता है यानी उस वक़्त जब हमारे सामने कोई व्यक्ति या वस्तु है या कुछ घटित हो रहा है। भावनाओं को एक ऐसी ऊर्जा के रूप में भी परिभाषित किया जा सकता है जो गतिशील है। विचार की ऊर्जा को सक्रिय कायनेटिक (गतिज) ऊर्जा में परिवर्तित कर अपने आसपास के व्यक्तियों या चीज़ों तक पहुँचाया जा सकता है। मिसाल के तौर पर, एक नकारात्मक भावना चिल्लाने, चीखने, रोने और चीज़ों को फेंकने की क्रियाओं में परिणामित हो सकती है। यह समारोहों और कार्यक्रमों का माहौल बिगाड़ देती है, प्रियजनों का अपमान करती है और बवाल खड़ा कर देती है। इसे शुरू करने वाले दोषी की तरफ़ सबका ध्यान जाता है और उसके मार खाने की भी नौबत आ सकती है। यह एक नकारात्मक भँवर है जिसका कोई अच्छा परिणाम नहीं मिलता।

अंततः इस तरह की अत्यधिक ऊर्जा, गतिशील होकर परिपथ को तोड़ने वाली शक्ति (सर्किट ब्रेकर) पैदा करती है जिसके कारण एक सहज क्रियावली निर्मित होती है जो इस अत्यधिक गतिशील ऊर्जा पर रोक लगाती है। इस तूफ़ान के बाद की शांति हमें इसके कारण हुए नुकसान का अंदाज़ा लगाने और उसकी भरपाई करने का अवसर देती है। यदि हमें ऐसे भावनात्मक उफ़ान के दुष्प्रभावों का पहले से पता हो तो हम उन्हें काबू में करना सीखेंगे और उन घटनाओं, चीज़ों और व्यक्तियों के प्रति अपनी अनुभूतियों को पहचानने का प्रयास करेंगे।

अनुभूतियाँ भी हमें बदमिजाज़ बना सकती हैं। जब अनुभूतियाँ होती हैं तो हमें सोचना पड़ता है कि इनसे कैसे निपटा जाए। भावनात्मक बुद्धिमत्ता का अर्थ है कि भावनात्मक रूप से बरबाद होने से बचें। इसका तात्पर्य है, एक समझदार अनुभूति करने वाला इंसान बनना। अतः जब हम भावनाओं पर

काबू पाकर उन्हें सकारात्मक अनुभूतियों में रूपांतरित करते हैं तब हमारे संपूर्ण व्यक्तित्व का रूपांतरण होता रहता है।

नकारात्मक भावनाओं का सकारात्मक अनुभूति में रूपांतरण बहुत ही संतोषजनक यात्रा है। यह हमें प्रेरित करती है कि हम नई सम्भावनाओं की खोज करें। इससे हमें प्रेरणा मिलती है कि हम आत्मरूपांतरण की यात्रा पर निकलें – कुछ उन लोगों की कहानियों की तरह जो निराशा, हताशा, आदि के गर्त से निकलकर शांति और नीरवता के दो भव्य शिखरों तक पहुँचे। यहाँ पहुँचकर हम एकाग्रता, आत्म चेतना और आत्म नियंत्रण पाते हैं। हम बड़ी आसानी से जीवन के बहाव और कर्म-निष्पादन से जुड़ जाते हैं। हमें जीवन की ख़ुशी महसूस होती है। जब हम ख़ुश होते हैं तब ईर्ष्या के बदले उदारता, द्वेष और प्रतिशोध के बदले स्नेह व दयालुता का अनुभव करते हैं तथा अरक्षित होने के बदले सुरक्षित महसूस करते हैं।

जटिल से सरल भावनाओं की ओर बढ़ना

दूसरी चीज़ जो मैंने इतने सालों में सीखी वह यह है कि जब एक प्रमुख भावना अन्य भावनाओं के साथ मिश्रित हो जाती है तब वे बहुत जटिल हो जाती हैं। मिसाल के तौर पर, जब क्रोध डर के साथ मिल जाता है तब एक भयंकर मिश्रण बनता है। डर पूर्वाग्रह को जन्म देता है और अब हमारे सामने बहुत ही जटिल समस्या आ जाती है। जब क्रोध का विस्फोट होता है तब उसके पीछे डर, किसी व्यक्ति या घटना के प्रति पूर्वाग्रह होता है। भावनाओं की बुनियाद जितनी जटिल होगी उतनी ही तेज़ी से प्रतिक्रिया होगी। अतः ज़रूरी है कि हम इसको समझें और जटिलताओं को सुलझाएँ, भावनाओं को सरल करें और उनकी पुनर्रचना करें।

संक्षेप में विकास और रूपांतरण के लिए हमें अपनी भावनाओं को सरल और शुद्ध करके अनुभूति में बदलना होगा। यह मन और चेतना के क्रमिक-विकास की प्रक्रिया है। हम जटिलता से सरलता की ओर, नकारात्मकता से सकारात्मकता की ओर, क्रोध, ईर्ष्या, असुरक्षा व डर की जटिलताओं से सामान्य गुस्सा और पूर्ण प्रेम की ओर बढ़ते हैं।

इसमें कौन सी बात हमारी मदद करेगी?

जब मैं बाईस वर्ष का था तब सौभाग्यवश मुझे एक सहकर्मी मिला जो आत्मरूपांतरण की इस यात्रा में मेरा जीवन भर का साथी हो गया। उसने मुझे ध्यान करने के लिए प्रेरित किया जहाँ मुझे कुछ खोने का डर नहीं था। मैं सत्तरह वर्ष की उम्र से ही संशयी था लेकिन मैं यह जानता था कि मुझे अपने आसपास की चीज़ों के बारे में न तो बहुत कुछ मालूम था और न ही उनकी समझ थी। इसलिए मैंने अपना मन खुला रखा और कभी-कभार हानिरहित संदेह भी होता था।

पहले ध्यान ने ही मेरी जिज्ञासा को जगा दिया और चालीस साल बाद भी मैं ध्यान कर रहा हूँ। यह रोज़मर्रा की ज़िंदगी में मेरी बहुत मदद करता है। अब मैं समझ गया हूँ कि भावनाओं और अनुभूतियों को कैसे पहचानना है और किन साधनों की सहायता से उनको व्यवस्थित करना है।

भावनाओं की सकारात्मक पुनर्रचना

एक ऐसा ही साधन है – सरल तरीक़े से भावनाओं की सकारात्मक पुनर्रचना। जब मैं अपने सहकर्मियों या साथियों से कुंठित या क्रुद्ध महसूस करता हूँ तब उन्हें प्रेम से भरे विचारों की तरंगें भेजता हूँ। मैं अपनी सुरक्षित और आरामदायक जगह में आँखें बंद करके बैठता हूँ और उन्हें हृदयपूर्वक प्रेम भेजता हूँ। यह मेरे भीतर की दशा को रूपांतरित करता है और लोगों व परिस्थितियों पर रहस्यमय तरीक़े से जादुई असर करता है। ऐसा मैंने बारंबार होते देखा है। जीवन को पूर्णता से जीते हुए जब नई-नई परिस्थितियाँ जन्म लेती हैं तब हम इन साधनों और तकनीकों का उपयोग उन परिस्थितियों से निपटने में करते हैं ताकि उन्हें व्यवस्थित व पोषित कर एक सकारात्मक मोड़ पर ला सकें।

आत्म-चिंतन, मानसिक चित्रण, ध्यान और सकारात्मक पुनर्रचना से हमारे भावनात्मक जीवन का मापदंड बदल सकता है। अगर अतीत की भावनात्मक प्रतिक्रियाओं के नकारात्मक असर हमारे शरीर-मन की समष्टि में संचित हैं तो ध्यान के कई ऐसे डीटॉक्स अभ्यास हैं जो शरीर और परिस्थितियों के

स्मृति चिन्हों को साफ़ करने में कारगर हैं ताकि हम भावनाओं की पुनर्रचना कर सकें।

जीवन को जीना होगा, चुनौतियों पर विजय प्राप्त करनी होगी, जीवन का लक्ष्य पाना व अर्थ ढूँढना होगा ताकि अंततः हम शांति के साथ इस जीवन के परे जाकर जो कुछ भी हमारी प्रतीक्षा कर रहा है, उस तक पहुँच सकें। अपना जीवन हम या तो क्रोध व अन्य जमे हुए नकारात्मक भाव, भय आदि में गवाँ सकते हैं या प्रेरणापूर्ण, सकारात्मक और प्रेमपूर्ण जीवन जीने का तरीक़ा सीख सकते हैं।

विक्टर के सुझाव

समझदार अनुभूति करने वाला इंसान बनें। अपने एहसासों को प्रकट करना सीखें और उन शब्दों की एक गहरी समझ विकसित करें जिससे आप अपनी भावनाओं और अनुभूतियों को प्रकट कर पाएँ।

उदार हृदय, दयालु वाणी, सेवा व करुणा से पूर्ण जीवन के माध्यम से असीमित प्रेम प्रसारित करें।

अपनी भावनाओं को सरल करें। उदाहरण के लिए, डर क्रोध को दबा सकता है या बढ़ा सकता है। जटिल भावनात्मक मिश्रणों से दूर रहें और सरल भावनाओं व अनुभूतियों की ओर बढ़ें। इस रूपांतरण को लाने के लिए हृदय आधारित ध्यान का अभ्यास करें।

निष्पक्षता की अपेक्षा न रखें।

क्रोध जब अत्यधिक बढ़ जाता है तब स्नायुतंत्र में गड़बड़ करता है और यह वर्तमान से अलगाव पैदा कर सकता है। इससे ऊर्जा जम जाती है और सदमा लगता है।

जब आपको क्रोध आए –

* अंतर्मुखी होकर परिस्थिति को सुधारने के मानसिक चित्र की कल्पना करें। स्वयं से पूछें कि भविष्य में ऐसी परिस्थितियों से किस तरह दूर रहा जा सकता है?
* सकारात्मक ढंग से अपनी भावनाओं की पुनर्रचना करें। मिसाल के तौर पर, लालाजी का सरल तरीक़ा जिसमें आप मानसिक चित्रण के अभ्यास द्वारा ऐसे व्यक्ति के प्रति जिसने आपको दुःख दिया हो या क्रोधित किया हो सकारात्मकता विकसित करते हैं। इसमें हमें उनके प्रति प्रेम से भरे विचार भेजने होते हैं।

हृदय की कीमिया

एलिज़ाबेथ डेनली

एलिज़ाबेथ डेनली के बारे में

एलिज़ाबेथ पिछले पच्चीस वर्षों से भारत, आस्ट्रेलिया, फ़िजी, यूरोप, अफ़्रीका और उत्तरी अमेरिका के स्कूलों और कॉलेजों के लिए नैतिक मूल्य आधारित शिक्षा के विकास एवं प्रशिक्षण कार्यक्रमों को तैयार करने में जुटी हुई हैं तथा उन्होंने स्कूलों के लिए विशेष रूप से तैयार किए गए हार्टफुलनेस शिक्षा कार्यक्रम का विकास एवं संयोजन कार्य किया है। वे एक प्रशिक्षित फ़ेसिलिटेटर हैं और जीवन कौशल, चेतना, व्यक्तिगत विकास आदि विषयों पर संवादात्मक कार्यक्रमों को विकसित, संयोजित व समाकलित करती हैं।

एलिज़ाबेथ पिछले 30 वर्षों से हार्टफुलनेस की प्रमाणित प्रशिक्षिक हैं तथा हार्टफुलनेस के लिए 'कॉन्टेंट डेवलपमेंट' में सक्रिय हैं। वे इसकी पत्रिका की प्रधान संपादक हैं। उन्होंने दुनिया भर में व्यक्तिगत रूप से और कई ऑनलाइन, कार्यक्रम व प्रशिक्षण पाठ्यक्रम पेश किए हैं। एलिज़ाबेथ को बायोलोजिकल साइंसेज़ में डॉक्टरेट की उपाधि प्राप्त है और उन्होंने इकोलॉजी, मानसिक स्वास्थ्य और शिक्षा विषयों में आस्ट्रेलिया, अमरीका, फिलीपींस और भारत में शोध कार्य किया है।

मेरी कहानी

जहाँ तक मुझे याद है, प्रेम करना मेरे लिए स्वाभाविक था। इसमें कोई आश्चर्य की बात नहीं है क्योंकि यह महिलाओं के साथ स्वभावतः होता है और यह जुड़ाव या सम्बन्धों के बारे में है। लेकिन क्रोध के मामले में मेरा अनुभव कुछ अलग रहा है। बचपन में जब कोई चीज़ मुझे सही नहीं लगती थी तो मुझे हृदय में विरोध जैसे, बहुत तेज़ कंपन महसूस होते थे। अपनी अंदरूनी स्थिति के बारे में मेरी जागरूकता काफ़ी वैज्ञानिक थी। मेरा मानना है कि सभी बच्चे स्वाभाविक रूप से ऐसा ही करते हैं – वे चीज़ों को ध्यान से देखते हैं।

गुज़रते समय के साथ मैंने यह जाना कि क्रोध के कंपन के साथ जब विचार और भावनाएँ जुड़ जाती हैं तब यह जटिल हो जाता है। यह अंदर ही अंदर एक समुद्र में आए तूफ़ान की भाँति बढ़ जाता है और मेरे संपूर्ण अस्तित्व को प्रभावित करता है। मैंने हमेशा ही यह अनुभव किया कि यह टकराव पहले मेरी चेतना के ऊर्जा क्षेत्र में शुरू होता और फिर इसका प्रभाव शरीर पर पड़ता। इसका विपरीत कभी भी नहीं हुआ।

आज के मनोवैज्ञानिक तो यही कहेंगे कि क्रोध से मुझे होने वाली परेशानी की जड़ें मेरे प्रारंभिक जीवन में मिले सदमे में हैं। यह बात एक प्रकार से ठीक है लेकिन मैंने जीवन को कभी भी उस दृष्टि से नहीं देखा। विभिन्न आंतरिक स्थितियों की ऊर्जा और कंपनों को जानना अधिक उपयोगी है। ये हमें क्या बताना चाहते हैं?

भावनाएँ इन्हीं आंतरिक कंपनों का प्रस्तुतीकरण हैं – जीवन के प्रति हमारे प्रत्युत्तर और हमारी प्रतिक्रियाएँ। कभी ये दर्द भरी होती हैं तो कभी सुखद और कभी दोनों ही नहीं। वे हमेशा ही हमारी जीवन यात्रा में अगला कदम उठाने में हमारी सहायता करने, चेतावनी देने और मार्गदर्शन करने के लिए आती हैं। मेरे सामने समस्या केवल तभी आई जब मैं उन बातों में उलझ गई जिन्होंने मुझे समाधान से और चीज़ों को छोड़ते जाने की समझ से दूर रखा।

मैंने यह भी सीखा है कि हृदय में होने वाला टकराव केवल क्रोध के कारण ही नहीं होता है बल्कि कोई भी मनोभाव हमारे भीतर अशांति उत्पन्न कर सकता है – जैसे दुःख, निराशा, डर, चिंता, अपराधबोध, उत्तेजना और जुनून। जब मैं पीछे मुड़ कर देखती हूँ तो यह समझ में आता है कि अधिकांश समय क्रोध कई अन्य भावनाओं से जुड़ा रहा और मिश्रित भावनाओं को जन्म देता रहा।

बचपन में अस्तित्व की इन आंतरिक स्थितियों को बताने के लिए मैं दो शब्दों का उपयोग किया करती थी – "अशांत" और "सहज"। वयस्क होने पर ये शब्द "उग्र" और "स्थिर" बन गए। हालाँकि इन दोनों स्थितियों के बीच कई अन्य सूक्ष्म स्थितियाँ भी हैं। दरअसल "गहन स्थिरता" और "अति उग्रता" के बीच विभिन्न स्थितियों का पूरा वर्णक्रम है जैसा कि हम समुद्र में देखते हैं। उस समग्र दृष्टिकोण से देखें तो क्रोध एक उग्र अशांति थी लेकिन इसका उग्र भाग भीतर छिप कर दूसरे तत्त्वों के साथ, विशेषकर जल-तत्त्व के साथ मिल गया। यही दुःख का कारण बन गया।

जब मैंने रामचंद्र (बाबूजी) की किताबें पहली बार पढ़ीं तो मुझे उनका यह कथन बहुत अच्छा लगा कि काम और क्रोध दो ऐसी भावनाएँ हैं जिन्हें नष्ट नहीं किया जा सकता। मेरे लिए इसका अर्थ था कि ये भावनाएँ हमारे अस्तित्व में विकासपरक हैं और प्राकृतिक उद्देश्य की पूर्ति करती हैं। अतः उस उद्देश्य को समझने के लिए मैंने अपने प्रयास प्रारम्भ कर दिए – कि क्रोध और उग्रता को किस प्रकार उनके सर्वश्रेष्ठ भाव में रूपांतरित किया जा सकता है। मैंने यह जाना कि इन दोनों की ही जड़ें हमारे क्रमिक-विकास में हैं। ये अग्नि तत्त्व और हृदय के अंदर तीसरे चक्र के माध्यम से आपस में जुड़े हुए हैं। अग्नि परिशुद्धता, ऊपर उठने, हमारे अहंकार व हमारी पहचान का तत्त्व है।

हृदय की पहचान

मैंने यह भी जाना कि हममें से प्रत्येक के हृदय की एक विशिष्ट पहचान होती है अर्थात् हमारे भीतर मौजूद पाँच तत्त्व – पृथ्वी, आकाश, अग्नि, जल एवं वायु की तथा इनसे सम्बन्धित हृदय क्षेत्र में मौजूद पाँच चक्रों की हमारी व्यक्तिगत पारस्परिक क्रिया-प्रतिक्रिया। इसके साथ ही हमारी भावनाओं की

भी विशिष्ट पहचान होती है, उसी प्रकार जैसे प्रत्येक व्यक्ति की अँगुलियों के निशान अलग-अलग होते हैं। हममें से कुछ उग्र होते हैं, कुछ की जीवन के प्रति सोच गहरी और ठोस होती है लेकिन हममें से किसी में भी इन पाँच तत्त्वों का मिश्रण समान नहीं होता। हम सबकी विशिष्ट पहचान होती है। यही बात हमारे मनोभावों को विशिष्ट गुण और स्वरूप प्रदान करती है जिसमें क्रोध और प्रेम भी शामिल हैं।

एक बार जब हृदय क्षेत्र के चक्रों से पुराने पैटर्न साफ़ हो जाते हैं तब हम इन भावनाओं को विशुद्ध रूप में देख पाते हैं। इसे मननशील अभ्यास द्वारा प्राप्त किया जा सकता है और इससे चेतना का विकास होता है। लेकिन फिर भी प्रत्येक हृदय की पहचान व्यक्तित्व के सूक्ष्मतम गुण के रूप में बाकी रह जाती है। इसलिए ऐसा कोई पुराना घिसा-पिटा मापदंड नहीं है जो हर प्रकार के क्रोध या प्रेम पर एक जैसा लागू होता हो।

दोनों भावनाओं को गहनतम स्तर तक समझने के लिए मैं अग्नि तत्त्व और हृदय क्षेत्र के तीसरे चक्र की गहराई तक जाना चाहूँगी। यही वह जगह है जहाँ हम क्रोध और प्रेम के वास्तविक स्वभाव को समझना प्रारम्भ करते हैं और जहाँ जुनून व क्रोध के विशुद्ध भाव में रूपांतरित होने की रासायनिक प्रक्रिया प्रारम्भ होती है।

जुनून, प्रेम, मन का नकारात्मक पहलू और ज्ञानोदय

सबसे पहले देखते हैं कि जुनून का प्रेम से क्या सम्बन्ध है? जुनून प्रेम का ही एक रूप है। कुछ भाषाओं, जैसे रूसी और संस्कृत भाषा, में "प्रेम" के लिए अनेक शब्द हैं। अंग्रेजी भाषा में प्रेम के विभिन्न रूपों को व्यक्त करने के लिए अलग-अलग विशेषणों का उपयोग किया जाता है। उदाहरण के लिए, मातृ प्रेम, रोमानी प्रेम, संतानोचित प्रेम, आध्यात्मिक प्रेम, सखा प्रेम, भातृ प्रेम आदि। जबकि रूसी और संस्कृत भाषा में प्रेम के विभिन्न रूपों के लिए अलग-अलग संज्ञात्मक शब्द हैं। भाषा संस्कृति को दर्शाती है – हम प्रेम को विभिन्न सांस्कृतिक चेतनाओं के अनुरूप समझने का प्रयास करते हैं लेकिन यह तो हम सभी मानते हैं कि प्रेम के कई आयाम हैं।

प्रेम की एक अभिव्यक्ति जुनून है जो अग्नि तत्त्व से आता है। एक विशुद्ध ऊर्जा के रूप में यह हमें प्रेरणा देता है। यह हमें किसी व्यक्ति या वस्तु की ओर प्रेरित करता है और उससे जोड़ता है। भौतिक शरीर में जुनून अक्सर कामुक होता है जो उत्पत्ति की खातिर मिलन व आपसी सम्बन्ध जोड़ने की ओर ले जाता है। मानसिक शरीर में इसका सम्बन्ध सिद्धांतों, आदर्शों, दृष्टिकोण और किसी भी क्षेत्र में पारंगत होने से है। अनुभूति के रूप में यह अभिरुचि, उमंग और रोमानी प्रेम उत्पन्न करता है। जब जुनून की यह प्रज्वलित ऊर्जा आध्यात्मिक रूप से अभिव्यक्त होती है तब यह हमें ईश्वर की ओर ले जाती है। इसका सम्बन्ध भक्ति, रचनात्मकता और जुड़ाव से होता है। जब हम विकसित होते हुए निहित स्वार्थ से आगे बढ़ते हैं तब यह जुनून करुणा (पैशन से कम्पैशन) में परिवर्तित हो जाता है। तब यह हमें सांसारिक और आध्यात्मिक दोनों प्रकार के प्रयासों में उच्च स्तरों तक ले जाता है। जुनून महत्वाकांक्षी है। सफल होने के लिए हमें जिस तड़प, आकांक्षा और ऊर्जा की आवश्यकता होती है यह उसे हमारे भीतर उत्पन्न करता है। यह हमारी पहचान का एक कार्य है कि हमारा अहं (मैं) विकसित होना चाहता है। इस पहचान को हम 'अहंकार' के रूप में जानते हैं जो मनस का एक पहलू है।

यदि अहंकार को बढ़ने, विकृत होने या फिर जैसा कार्ल युन ने कहा है, "छाया (व्यक्तित्व का काला धब्बा)" बनने से रोकना हो तो इसे परिष्कृत किया जाना आवश्यक है। वास्तव में पाश्चात्य मनोविज्ञान में चेतना का विकास एक "शैडो वर्क" यानी (छाया कार्य) है जिसमें हम अपने व्यक्तित्व के उन भागों को सामने लाते हैं जो अवचेतन में छिपे हुए होते हैं और जिन्हें हम देखना ही नहीं चाहते। इसका उद्देश्य उन भागों का अपने अस्तित्व से एकीकरण करना है।

योग की पूर्वी परंपरा और अन्य आध्यात्मिक परंपराओं में भी यही बात कही गई है। वास्तव में मैंने अब तक जितना भी शोध किया है और मैं जितनी भी जानकारी इकट्ठी कर पाई हूँ उनमें योग मनोविज्ञान की सर्वाधिक परिष्कृत प्रणाली है। इस "शैडो वर्क" के बारे में एक योगी ने जो कहा है उसे उद्धृत कर रही हूँ – उन्हें हम श्री रामचंद्र (लालाजी) के नाम से जानते हैं। यह 20वीं शताब्दी के प्रारम्भ में लिखे गए आलेख से लिया गया है जिसमें वे मनुष्य के विभिन्न आवरणों या परतों के बारे में बता रहे हैं –

> चौथा आवरण बुद्धि का क्षेत्र है जो निर्णय लेने में प्रयुक्त होने वाला तत्त्व है। मनस प्रस्तावित करता है और जो तत्त्व उस प्रस्ताव की पुष्टि करता है – वह है बुद्धि। बुद्धि की सहायता से हमें एक सीमा तक सत्य की झलक देखने का एक अवसर मिल जाता है।
>
> लेकिन यह आवरण मनस की भाँति सूक्ष्म होने के कारण प्रायः धोखा दे देता है या नज़र नहीं आता है। जो लोग इस तक पहुँचते हैं उन्हें चमत्कार करने की शक्ति और अनेक अन्य शक्तियाँ प्राप्त होने लगती हैं। ऐसी स्थिति में जो लोग दिव्यता के मार्ग पर चल रहे हों वे इतनी बुरी तरह से धोखा खा सकते हैं कि उन्हें वापस सही मार्ग पर आ पाने का अवसर ही नहीं मिल पाता है। अतः यह आवश्यक है कि इस आवरण को अत्यंत सावधानी से हटाया जाए।
>
> बुद्धि की उत्तेजक चंचलता अत्यंत ही जटिल है और अहंकार बुद्धि की छाया है। जो लोग अहंकार के प्रभाव में आ जाते हैं उनका पतन हो जाता है। जिन्होंने बुद्धि के इस आवरण को वास्तव में देखा नहीं है बल्कि केवल इसके करीब जा पाए हैं उन पर अहंकार की छाया पड़ने लगती है। ऐसे लोग सत्य या वास्तविकता की परवाह नहीं करते हैं और अकारण ही केवल अपने विचारों के पक्ष में व्यर्थ की बहस करते रहते हैं। उनका पतन हो जाता है और वे पुनर्जन्म के जाल में फँसे रह जाते हैं। अतः यह आवश्यक और महत्वपूर्ण है कि अहंकार के मामले में सजग रहा जाए।

यहाँ लालाजी अहंकार के विभिन्न रूपों पर प्रकाश डालने के महत्व को समझा रहे हैं जब वे अवचेतन की छाया में छिपे होते हैं।

लेकिन लालाजी के सहयोगी, बाबूजी लिखते हैं, "मेरे विचार से मनुष्य के पास केवल दो ही चीज़ें हैं, मनस और अहंकार, जो सर्वोत्तम और सर्वाधिक उपयोगी हैं। दरअसल अहंकार ही वास्तविक अस्तित्व को दर्शाता है और मनस इसकी खोज करता है। सच तो यह है कि हमें मनुष्य को प्राप्त प्रत्येक चीज़ का समुचित उपयोग करना सीखना होगा। किसी भी चीज़ का दुरुपयोग नहीं होना चाहिए। सच्चे अर्थों में यही मानवता है।"

यह प्रत्यक्ष विरोधाभास क्यों? इसे समझने के लिए अहंकार को परिष्कृत करने की प्रक्रिया को समझने की आवश्यकता है जिससे यह हमारा मित्र बन सके न कि शत्रु क्योंकि अहंकार क्रोध और प्रेम की भावनाओं से अंतरंग रूप से जुड़ा हुआ है।

इस प्रक्रिया में अवचेतन की छाया पर प्रकाश डालना, जटिलताओं को दूर करना और चेतना को परिष्कृत करना होता है जिससे प्रकाश भीतर से उजागर हो सके। यह कोई इत्तफ़ाक नहीं है कि हम अपने अस्तित्व के केन्द्र में विद्यमान प्रकाश के स्रोत पर ध्यान करते हैं। यह हमें भीतर से बाहर की ओर प्रकाशित करता है जिससे प्रकाश विकिरित हो और सभी आवरणों को पार करता हुआ हमारे अस्तित्व की बाहरी सीमा तक आ सके। बाबूजी इसे "दीप्ति रहित प्रकाश" कहते हैं। इसी प्रक्रिया को 'ज्ञानोदय' कहते हैं।

क्रोध से मैत्री

मेरे जीवन के अधिकांश भाग में क्रोध की उग्र भावना दुःख, निराशा और भ्रम में डूबी रही। मैं स्वयं को अकेला और आहत महसूस करती थी और लोगों द्वारा नीचा दिखाए जाने के कारण मेरा हृदय फट जाता था। अपने बचाव के लिए मैं स्वयं को उन लोगों की ओर से अलग कर लेती थी जिन्होंने मुझे निराश किया या चोट पहुँचाई। मैं उन लोगों के प्रति क्रोधित नहीं होती थी – बस निराशाग्रस्त और आहत महसूस करती थी। मैं हमेशा से ही यह जानती थी कि उन्होंने वही किया है जो वे सबसे अच्छा कर सकते थे और यह भी कि उनका व्यवहार केवल मेरे प्रति ही बुरा नहीं था। मैं उनकी कमियों को स्वीकार करते हुए उन्हें प्रेम कर सकी लेकिन अपने टूटे हुए दिल को नहीं सम्भाल पाई।

इस प्रक्रिया के बारे में सजग हो जाना और अपने मनस पर पड़ने वाले इसके लगातार और सूक्ष्म प्रभाव के आवरणों को हटाना मेरे लिए एक मनोवैज्ञानिक स्वतंत्रता की भाँति था। क्रोध के आंतरिक टकराव में अब भारीपन नहीं है बल्कि जिन चीज़ों में बदलाव की आवश्यकता है उन्हें ढूँढने में यह उत्प्रेरक का कार्य करता है। इससे सम्भावनाओं का एक नया क्षेत्र खुल गया है। इन दिनों यह आंतरिक टकराव भी कम हो गया है और इसकी तीव्रता भी। यह भारी से हल्का होते हुए अब सूक्ष्म हो गया है। अब मैं और अधिक गहनता

के साथ जागरूक बनी रहती हूँ और यह भी जान पाती हूँ कि मुझे अपने अंदर क्या बदलाव लाने हैं।

क्रोध पर कार्य करना

यह रूपांतरण लगातार चलने वाले एक आध्यात्मिक अभ्यास के कारण हुआ है।[44] क्रोध अब विकसित होने का एक साधन बन गया है। जब मैं अपने हृदय में टकराव का अनुभव करती हूँ तो यह मेरे लिए कुछ जानने का समय होता है – यह किस कारण हो रहा है? क्या मुझे किसी चीज़ को छोड़ना है? क्या बदलाव किया जाना है? बदलाव लाने के लिए मैं क्या संकल्प ले सकती हूँ? मैं किन आदतों और वृत्तियों पर कार्य कर सकती हूँ? ऐसा नहीं है कि मैं पहले से कम क्रोध का अनुभव करती हूँ बल्कि अब संवेदनशीलता बढ़ गई है।

मुझे एक मिनट के लिए भी यह नहीं लगता है कि जो रूपांतरण हुआ है वह स्वयं के प्रति सचेत रहने या आत्मनिरीक्षण के कारण हुआ है। ये तो केवल परिणाम हैं। आंतरिक आध्यात्मिक कार्य अधिक गहरे स्तर पर होता है – हमारे अवचेतन में स्पंदन के स्तर पर नियत कर्मफलों व संस्कारों का निकाला जाना। जैसे-जैसे ये निकलते जाते हैं इनसे जुड़े अनुभव व आदतें अक्सर चेतना के स्तर पर आने लगती हैं। कभी-कभी कोई नकारात्मक आदत असाधारण रूप से विलुप्त हो जाती है, जैसे कोई जादू हो!

इस प्रक्रिया में दो यौगिक तकनीकों की सहायता ली जाती है जो एक-दूसरे की पूरक हैं – प्राणाहुति और सफ़ाई। वास्तव में सफ़ाई एक तरह की आध्यात्मिक शल्य चिकित्सा है जिसमें अवरोधों और जटिलताओं को चेतना के फलक से बाहर निकाला जाता है और इसको भरने एवं इसका पोषण करने के लिए इसमें प्राणदायिनी प्राणाहुति का संचार किया जाता है। ये तकनीकें मानसिक पहुँच से परे जाकर कार्य करते हुए सीधे चेतना के क्षेत्र में स्पंदन के स्तर पर शुद्धिकरण करती हैं।

[44] मैं विगत 30 से अधिक वर्षों से हार्टफुलनेस का अभ्यास कर रही हूँ।

उदाहरण के लिए, एक दिन ध्यान करते समय मुझे एक अनुभव हुआ और मैंने दाजी को लिखा –

"आज का दिन बहुत कठिन था। कुछ दुर्भाग्यपूर्ण घटनाओं के कारण मेरी दशा बिगड़ी हुई थी जिससे आज सुबह मैं ठीक से ध्यान नहीं कर सकी। लेकिन फिर कुछ अद्‌भुत घटित हुआ। मैंने शाम को एक प्रशिक्षक से ध्यान सत्र के लिए निवेदन किया और जैसे ही मैंने अपनी आँखें बंद कीं, अपनी संरचना के केन्द्र में एक अग्नि की चेतना का अनुभव किया जो स्तंभ के रूप में निकल कर ऊपर की ओर बढ़ रही थी। प्रज्वलन स्पष्ट रूप से दिखाई दे रहा था, जिससे लेज़र की भाँति स्पष्टता आ गई थी।"

"जब दिन भर के अनुभव साफ़ हो रहे थे तब उस समय कोई मानसिक विश्लेषण नहीं हो रहा था। केवल शुद्धता थी और अविश्वसनीय स्पष्टता। अंत में अग्नि के उस स्तंभ का रंग सफ़ेद हो गया और मैंने तीसरे चक्र के सफ़ेद रंग को एक नए रूप में देखा। इसके बाद यह पारदर्शी हो गया यद्यपि यह पूरी तरह से ऊर्जा से भरा हुआ था – शक्तिहीन शक्ति। क्रोध के इस सत्त्व में कोई भावना या बल नहीं था। दिन भर की निराशा और कुंठा अग्नि द्वारा साफ़ कर दी गई थी। सब कुछ भट्टी में झोंक दिया गया था – नाटक के सभी पात्र। मैं शब्दों में इसे ठीक प्रकार से व्यक्त नहीं कर पा रही हूँ।"

दाजी का उत्तर था, "अग्नि क्रोध को रूपांतरित कर देती है। यह दूसरे सभी अनावश्यक अवरोधों को और अहंकार को भी जला सकती है।"

इस स्थिति का मानसिक विश्लेषण किया जाना आवश्यक नहीं था और न ही यह जानना कि किसने क्या किया। ध्यान के एक ही सत्र में सब कुछ भस्म हो चुका था।

यह आंतरिक कार्य एक आध्यात्मिक यात्रा है जो हृदय क्षेत्र के पहले चक्र से आरम्भ होती है और यह इसके पाँचों चक्रों से होती हुई अन्य क्षेत्रों की ओर जाती है। जब मैं तीसरे चक्र पर पहुँची तब मैंने क्रोध एवं प्रेम की वास्तविक प्रकृति और उद्देश्यों को समझना प्रारम्भ किया और साथ ही यह भी समझा कि हमारे विकास में इनकी क्या भूमिका है। समय के साथ ये दोनों भाव परिपक्व और परिष्कृत हो रहे हैं लेकिन तीसरा चक्र प्रेम और क्रोध के

परिष्करण का संदर्भ बिंदु बना हुआ है और वहाँ उपस्थित अग्नि तत्त्व शुद्ध करने का अपना कार्य तब तक जारी रखेगा जब तक जलाए जाने हेतु कुछ शेष बचा हुआ है।

प्रेम और क्रोध की कीमिया

मेरे लिए प्रेम और क्रोध की कीमिया यानी प्रेरणा, आकांक्षा, प्रोत्साहन, रचनात्मकता और उत्साह की शुद्धि एवं प्रज्वलन है तथा साथ ही उच्चतर क्षेत्रों के परे जाने में आने वाले अवरोधों को हटाना है।

इसमें कोई आश्चर्य नहीं है कि प्रत्येक संस्कृति में अग्नि तत्त्व के बारे में अनेक पौराणिक कथाएँ हैं – फीनिक्स पक्षी का राख के ढेर से ज़िंदा निकलना या युनानी पौराणिक कथाओं में प्रोमेथियस की कहानी और अग्नि के देवी-देवताओं का उल्लेख जैसे अग्नि, रा, वल्कन, वेस्टा और लोगी। अग्नि हमारे अस्तित्व का मूल तत्त्व है और यह हमें अपनी सुकून की स्थिति से बाहर निकाल ले आती है।

हृदय क्षेत्र के पहले और दूसरे चक्र हमें तीसरे चक्र पर अग्नि तत्त्व का अनुभव करने के लिए सहायता और स्थायित्व प्रदान करते हैं। पहला चक्र पृथ्वी तत्त्व और संतुष्टि की उस भावना से सम्बन्धित है जो उस समय आती है जब हम अपनी सांसारिक इच्छाओं को त्यागते हैं। हृदय हमारा मध्य-बिंदु है और जब इसका पहला चक्र शुद्ध होकर जागृत हो जाता है तब हम आगे यात्रा करने के लिए एक स्थिर आधार बना लेते हैं। दूसरा चक्र हमें आत्मा का अनुभव और आकाश तत्त्व से परिचय कराता है। भौतिक पदार्थ के स्तर से मुक्ति पाने पर कैसी अनुभूति होती है यहाँ हमें उसकी एक झलक दिखाई देती है। हम आत्मिक शांति और स्थिरता में डूब जाते हैं। इन दोनों चक्रों की नींव पर हम 'भौतिक शरीर में स्थित आत्मा होने' के अनुभव को एकीकृत करना सीखते हैं।

इसके बाद जब हम तीसरे चक्र की ओर यात्रा प्रारम्भ करते हैं तब हम प्रेम और क्रोध की दिव्य भावना पर अधिकार प्राप्त करना प्रारम्भ करते हैं। अग्नि अस्थिर और रूपांतरण करने वाली होती है। कभी-कभी यह दर्दनाक होती है तो कभी अति आनंददायक। यह अहंकार को दोनों दिशाओं में झूलाती है,

जैसे इलास्टिक का खिंचना और झटके से वापस आ जाना, जब तक कि हम दोनों सिरों को नहीं छोड़ देते हैं। इस प्रक्रिया के बिना हम आगे नहीं बढ़ सकते। प्रेम और क्रोध वे साधन हैं जो हमें इस यात्रा में सहायता प्रदान करते हैं लेकिन इनमें से दोनों ही अंतिम बिंदु नहीं हैं। अंत में वे अपने ही सूक्ष्मतम रूप में विलीन हो जाते हैं। जब हम हृदय में केन्द्रित रहते हैं तब इस अस्थिर तत्त्व का अनुभव पूरी तरह से स्वाभाविक रूप में होता है। यह कीमियागिरी है जैसे प्राचीन प्रतीकात्मक कथाओं में फीनिक्स पक्षी राख के ढेर से उठ कर बाहर आ जाता है। हमें हमारे रचयिता ने कितने सुंदर ढंग से गढ़ा है! यह कितना विस्मयकारक है कि हमारे पास उस जादुई यात्रा का अनुभव करने के लिए जागृत चेतना उपलब्ध है जो हमारी मानवीय नियति को प्रदत्त उपहार है!

क्रोध का प्रारम्भ हृदय में कंपनयुक्त टकराव से होता है। जब विचार और भावनाएँ इस कंपन में जुड़ने लगती हैं तब यह उसमें फँस जाता है और बहुत प्रबल हो जाता है। बच्चे इन स्पंदनों को पढ़ना जानते हैं। याद करने का प्रयत्न करें जब आप पहले इसे स्वाभाविक रूप से कर पाते थे। स्वयं से प्रश्न करें, "ये कंपन मुझसे क्या कह रहे हैं?"

क्रोध को कभी समाप्त नहीं किया जा सकता। इसका एक विकासपरक उद्देश्य है।

क्रोध और प्रेम अग्नि तत्त्व के माध्यम से जुड़े हुए हैं। यह हृदय के तीसरे चक्र का तत्त्व है और अहंकार का मानसिक कार्य है। ये दोनों भावनाएँ हमें आगे ले जाती हैं। ये अहंकार को परिष्कृत करती हैं व अवचेतन को प्रकाशित करते हुए वहाँ पहले से बने पैटर्न रूपी अंधियारे को हटाती हैं। अग्नि हमें अपनी सुकून की स्थिति से बाहर निकालती है।

यद्यपि क्रोध एक उग्र भावना है लेकिन जब यह अन्य तत्त्वों (जैसे जल तत्त्व) से मिलती है तब यह मिश्रित भावनाओं का निर्माण करती है। हम सबकी अपनी-अपनी भावनात्मक विशिष्टता होती है जो हमारे क्रोध और प्रेम को एक विशिष्ट स्वरूप प्रदान करती है। जब ध्यान के अभ्यास से हृदय पवित्र हो जाता है तब हम भावनाओं को उनके विशुद्ध रूप में देख पाते हैं।

अभ्यास -

* क्रोध से मित्रता करें। इसे बदलाव और नई सम्भावनाओं का उत्प्रेरक बनने दें।
* पूछें, "यह किस कारण आता है?" क्या मुझे किसी चीज़ को छोड़ना होगा? मुझे क्या बदलना होगा? बदलने के लिए मैं क्या संकल्प ले सकता हूँ? मैं किन आदतों और वृत्तियों पर कार्य कर सकता हूँ?

प्रेम को समझना

कमलेश पटेल

'मुझ' से 'हम' और 'हम' से 'तुम' तक

इस किताब की शुरुआत में हमने इस बारे में बात की थी कि हममें से अधिकांश लोग क्रोध को लेकर संघर्ष करते हैं। मैं यह भी कहूँगा कि अधिकांश लोग प्रेम को लेकर भी संघर्ष करते हैं। चाहे यह प्रेम जीवन-साथी, बच्चों, मित्रों, अनजान लोगों, आध्यात्मिक गुरु या ईश्वर के प्रति ही क्यों न हो, हमारी इस यात्रा में हमेशा ही कई अप्रत्याशित घुमाव व मोड़ आते हैं। यह ठीक वैसा ही है जैसा शेक्सपियर के "अ मिडसमर नाइट्स ड्रीम" में लिसेंडर कहता है, "सच्चे प्रेम का मार्ग कभी निर्विघ्न नहीं रहा है।" ऐसा क्यों है? इसका कारण यह है कि सच्चे प्रेम में हम अपनी व्यक्तिगत पहचान खो देते हैं और स्वयं प्रेम बन जाते हैं। हमारी अपनी व्यक्तिगत आवश्यकताएँ और इच्छाएँ उस तत्त्व में समाहित हो जाती हैं जो हमारे व्यक्तिगत 'मैं' से कहीं अधिक श्रेष्ठ है। इस प्रक्रिया में पहले 'हम' 'मैं' पर वरीयता ले लेता है और बाद में 'तुम' 'हम' पर वरीयता ले लेता है। हर संस्कृति में सच्चे प्रेम की अनेक कहानियाँ हैं। जब प्रेमी स्वयं को पूर्णतया अपने प्रियतम को समर्पित कर देते हैं तब हमेशा प्रेम की विजय होती है। यह उन्हें आगे कहाँ ले जाता है?

अमेरिकन लेखक ओ हेनरी की एक सुंदर कहानी है – "द गिफ्ट ऑफ़ द मैजाइ।" इस कहानी के पात्र, जिम और डेला, अत्यंत निर्धन हैं और वे एक-दूसरे से बहुत प्रेम करते हैं। दोनों के पास एक-एक बहुमूल्य चीज़ है – डेला के सुंदर लंबे बाल और जिम की सोने की घड़ी। एक बार क्रिसमस के अवसर पर वे दोनों एक-दूसरे को बताए बिना अपनी उन बहुमूल्य वस्तुओं को बेचने का निर्णय लेते हैं जिससे वे एक-दूसरे के लिए उपहार खरीद सकें। डेला अपने बाल काट कर बेच देती है जिससे वह जिम की सोने की घड़ी के लिए एक चेन खरीद सके और जिम अपनी सोने की घड़ी बेच देता है जिससे वह डेला के सुंदर लंबे बालों के लिए सुंदर कंघियाँ खरीद सके। दोनों ही अपनी सबसे मूल्यवान वस्तुओं को बेच देते हैं जिससे वे दूसरे के लिए उपहार खरीद सकें। जिम और डेला के लिए 'तुम' ही सब कुछ था।

एक दूसरी कहानी भी है जो भगवान श्रीकृष्ण के सिर में दर्द होने के बारे में है। नारद मुनि श्रीकृष्ण से पूछते हैं कि उनके सिर में हो रहे दर्द को कैसे ठीक किया जा सकता है। श्रीकृष्ण कहते हैं, "मेरे सच्चे भक्त के चरणों की धूल लेकर आओ।" नारद किसी सच्चे भक्त को ढूँढने निकलते हैं लेकिन श्रीकृष्ण के अधिकांश भक्त उनकी बात को मानने से मना कर देते हैं। वे जानते हैं कि यदि उनके पैरों की धूल भगवान के ललाट पर लगेगी तो यह बहुत बड़ी ईश-निंदा होगी और उन्हें नर्क में जाना पड़ेगा। कोई भी यह नहीं चाहता था कि उसके साथ ऐसा हो। अंत में नारद गोपियों के पास जाते हैं जिन्होंने श्रीकृष्ण के अनुरोध के बारे में पहले से ही सुन रखा था। नारद ने देखा कि वे श्रीकृष्ण के सिर के दर्द को दूर करने के लिए पहले से ही अपने पैरों की धूल एकत्र कर रही थीं।

उन्होंने पूछा, 'क्या आप लोगों को डर नहीं लगता कि इससे आपको नर्क में जाना पड़ सकता है?"

गोपियों ने कहा, "यदि हम अपने भगवान को एक क्षण के लिए भी आराम और सुख दे सकें तो इसके लिए हम हमेशा के लिए नर्क में रहने के लिए तैयार हैं।"

उनका प्रेम ऐसा ही था। यहाँ भी केवल 'तुम' था।

प्रेम क्या है?

जैसे क्रोध ऊर्जायुक्त सूक्ष्म शरीर में उत्पन्न होता है और फिर भौतिक शरीर को प्रभावित करता है उसी तरह प्रेम भौतिक शरीर के परे हमारे अस्तित्व की आंतरिक गहराइयों में उत्पन्न होता है। जब हम एक प्रेम से भरे हृदय की बात करते हैं तब हमारा आशय रक्त संचार करने वाले भौतिक हृदय से नहीं होता बल्कि किसी अन्य वस्तु से होता है जो अधिक सूक्ष्म है।

प्रेम सम्बन्ध जोड़ता है। प्रेम आत्मा का गुरुत्व है – खिंचाव का वह कमज़ोर बल जो प्रत्येक वस्तु को आपस में जोड़े रखता है। प्रेम जीवन के प्रति उत्साह का स्रोत है। प्रेम वह मार्ग है जिसके द्वारा हम किसी व्यक्ति या वस्तु के साथ एकात्म (ऑस्मोसिस) स्थापित करते हैं। प्रेम हमें स्पंदनों के अनुरूप

प्रतिध्वनित होने देता है। प्रेम हमें अपने प्रियतम की ओर ले जाता है। वास्तव में जीवन में हम जो कुछ भी करते हैं वह प्रेम के बिना नीरस और यंत्रवत् होगा। यदि इसमें प्रेम भी सम्मिलित हो तो यह ऐसा होगा मानो हमारे पैरों में स्प्रिंग लग गई हो। हम कार्य में सुधार और कुशलता लाने का प्रयास करेंगे। डब्लयू एस गिल्बर्ट के शब्दों में – "यह प्रेम ही है जिससे संसार चल रहा है।"

मेरे प्रथम गुरु, बाबूजी प्रेम के बारे में लिखते हैं –

> माँ के प्रेम के बारे में सभी जानते हैं। गुरु के प्रेम के बारे में कम लोग जानते हैं और ईश्वरीय प्रेम के बारे में और भी कम लोग जानते हैं। यह माँ के प्रेम से अलग नहीं है। माँ तब भी अपने बच्चे की सुरक्षा का ध्यान रखती है जब वह उसके साथ दुर्व्यवहार करता है या उसे दुःख देता है। माँ हमेशा अपने बच्चे को प्रसन्न और आनंदित बनाए रखने के बारे में ही सोचती है। गुरु के साथ भी ऐसा ही होता है जो वास्तव में आध्यात्मिक माँ हैं और ईश्वर पिता हैं। गुरु सदा यही चाहते हैं कि उसकी आध्यात्मिक संतान अधिक से अधिक प्रगति करे। आध्यात्मिक माँ अपनी संतान की इतनी अधिक देखभाल करती है कि अंततः यह ईश्वर को संतान का पालन-पोषण करने के लिए प्रवृत्त कर देती है।
>
> इस संसार में मातृ-प्रेम से बड़ा प्रेम का कोई अन्य उदाहरण नहीं है। आप प्रश्न कर सकते हैं, "माँ की तुलना गुरु से कैसे की जा सकती है?" जिस प्रकार माँ अपने गर्भ में एक नियत अवधि के लिए बच्चे का विकास करती है गुरु भी हमारे लिए वैसा ही करते हैं। उनके स्मृति-क्षेत्र में आपका पालन होता है, उनकी ऊर्जा से आप पोषित होते हैं और उनकी वैचारिक तरंगों के बीच आपका विकास होता है। जब यह कार्य पूर्ण हो जाता है और आपको उनके विचारों के गर्भ में रखने की आवश्यकता नहीं रह जाती है तब उनकी आध्यात्मिक संतान के रूप में आपका जन्म होता है। कहाँ? जन्म का स्थान दिव्य लोक है.... फ़ारसी में जन्म की इस प्रक्रिया को बैयत यानी दीक्षा कहते हैं और जिसे दीक्षित किया जाता है वह पूर्ण रूप से समर्पण कर चुका होता है। जब कोई व्यक्ति सच्चे अर्थों में संपूर्ण समर्पण कर चुका हो तब इस प्रक्रिया में मात्र सात माह का समय लगता है।

जब मैं हार्टफुलनेस अभ्यास प्रारम्भ करने के एक वर्ष बाद सन् 1977 में पहली बार बाबूजी से मिला तो उनकी अत्यधिक सादगी ने मुझे अचम्भित कर दिया। उन्हें देखकर मुझे आश्चर्य होता था कि किसी व्यक्ति में इतनी पवित्रता और सादगी कैसे हो सकती है। उनकी पूरी संरचना से प्रेम प्रसारित होता था। उनसे हर समय आने वाली प्राणाहुति के बहाव को मैं महसूस कर सकता था। यहाँ तक कि जब वे शांत होते थे जैसा कि वे अधिकांश समय रहते थे तब भी हमेशा एक आंतरिक समन्वय बना रहता था। मुझे अपने अंदर हमेशा ही उनकी उपस्थिति महसूस होती थी।

अधिक प्रेममय कैसे बनें?

जब हम अपने सूक्ष्म शरीर यानी हृदय-मनस के ऊर्जा क्षेत्र को शुद्ध करते हैं तब अधिक प्रेममय बन जाते हैं। इस प्रक्रिया के द्वारा हम अपने विचारों को नियमित करना, अपनी पूर्व संचित भावनाओं और अपने भय पर कार्य करना, अपनी इच्छाओं और भावनात्मक प्रतिक्रियाओं से बाहर आना, अपनी निर्णय लेने की क्षमता, हृदय की उदारता व आंतरिक शक्ति को बढ़ाना और अपनी प्रेम करने की क्षमता को विकसित करना सीखते हैं। यह ध्यान, सफ़ाई और प्रार्थना के अभ्यास द्वारा ही हो पाता है। ये अभ्यास प्रेम के गुरुत्व को संबल प्रदान करते हैं जिससे हम अपने अस्तित्व के मूल कारण यानी हमारी आत्मा के साथ समन्वय बनाए रखते हुए अपने अस्तित्व के केन्द्र के चारों ओर परिक्रमा करते रहें।

इस समन्वय में हमारी संरचना के प्रत्येक कण से प्रेम स्वाभाविक रूप से प्रसारित होता है और इसमें 'मैं' की कोई आवश्यकता नहीं रह जाती है। सच्चे प्रेम में 'मैं' नहीं होता। जब पानी की एक बूंद समुद्र में मिल जाती है तब क्या बूंद अपने बारे में बात करने के लिए शेष रह जाती है? उसे अपनी पहचान की आवश्यकता ही नहीं रह जाती।

हार्टफुलनेस हृदय और प्रेम पर केन्द्रित है। इसका प्रथम चरण हृदय को पवित्र और जागृत करना है जिससे संपूर्ण सृष्टि के प्रति प्रेम का बहाव प्रारम्भ हो सके। दूसरा चरण कदाचित अधिक महत्वपूर्ण है – अहंकार के विभिन्न स्वरूपों को धीरे-धीरे बाहर निकालना, जिससे चेतना का विस्तार सृष्टि के

अधिक से अधिक क्षेत्रों में और इसके बाहर तक हो सके। अंततः जो शेष बचता है वह है – केन्द्र और इसकी अभिव्यक्ति।

इस प्रगति के बाद प्रेम के लक्षण प्रकट होने लगते हैं जैसे समानुभूति, दयालुता, समझ, स्वीकृति, समर्पण, विनम्रता और सरलता।

प्राणाहुति

जब हम प्रेम के बारे में बात करते हैं, तो हमें प्राणाहुति के बारे में भी बात करनी चाहिए क्योंकि यह प्रेम का उपयोग ही है जो मानव के रूपांतरण के लिए किया जाता है। प्राणाहुति हमारे ऊर्जा क्षेत्र की आंतरिक जटिलताओं को बाहर निकालती है और आध्यात्मिक केन्द्रों या चक्रों की सफ़ाई कर उन्हें प्रकाशित करती है। यह प्राणाहुति ही है जो केन्द्र की ओर हमारी यात्रा में आने वाले अवरोधों को दूर करती है। यह ध्यान को गतिशील बनाती है। यह मूल दिव्य सत्त्व है जो मार्गदर्शक के हृदय से जिज्ञासुओं के हृदय में बह कर आता है – ठीक वैसे ही जैसे माँ के प्रेम का बहाव स्वाभाविक रूप से अपने बच्चों के प्रति होता है।

प्राणाहुति भौतिकी के नियमों से नहीं बंधी है। जिस क्षण हम प्राणाहुति का आह्वान करते हैं इसका प्रवाह आरम्भ हो जाता है और हम चाहे कहीं भी हों यह उसी क्षण से हमें मिलने लगती है। इसके प्रभाव से हमारा ध्यान अंदर केन्द्र की ओर आने लगता है। हमारी पूरी संरचना में अत्यधिक स्थिरता आ जाती है जिससे अव्यवस्था घटने लगती है। आत्मा वह केन्द्र है जिस पर हमारे जीवन का चक्र घूमता है।

नीचे दिए उदाहरण से आप इसे बेहतर ढंग से समझ सकेंगे –

बगीचे में लगे एक सुंदर फूल की कल्पना करें। जब आप इसके पास से दौड़ कर निकल जाते हैं तब इसकी सुंदरता को नहीं देख पाते। यदि आप इसके पास से चलते हुए निकलते हैं तब इसकी सुंदरता को अधिक अच्छे से देख पाते हैं। लेकिन जब आप इसके सामने खड़े हो जाते हैं तब आप इसकी सुंदरता का और अधिक आनंद उठा पाते हैं। बहुत तेज़ गति से चलने पर आप बहुत कुछ खो देते हैं।

कल्पना करें कि आपका मस्तिष्क किसी भी भौतिकीय संचार से अधिक गतिशील है। जब यह एक वस्तु से दूसरी वस्तु की ओर तेज़ गति से जाता है तब आप अपने अंदर प्रफुल्लित हो रहे पवित्र पुष्प को नहीं देख पाते हैं। आप उस पुष्प के अस्तित्व से भी अनजान बने रहते हैं! यह पुष्प आत्मा है और प्राणाहुति आपको अपनी आंतरिक शांति की ओर इतनी गहराई से आकर्षित करती है कि आपका ध्यान उस पुष्प की ओर स्वतः ही खिंच जाता है।

आप इसकी देखभाल किस प्रकार कर सकते हैं? ध्यान ही वह मार्ग है जिससे आप इतने प्रेम के साथ इसकी देखभाल कर सकते हैं कि यह प्रफुल्लित हो सके। ध्यान मनस को केन्द्रित करता है और इसे शांतिपूर्ण बने रहने में सहायता करता है जिससे यह उस पवित्र पुष्प की आंतरिक स्थिरता के अनुरूप बन सके। (ध्यान में) आप अपने मनस को उस आंतरिक स्थिरता व आत्मा के सत्त्व के अनुरूप बनाने का प्रयास करते हैं। यही साक्षात्कार का क्षण है – आपके समस्त शरीरों का अंतरतम में स्थित पवित्र पुष्प के साथ संपूर्ण अनुकंपन, जब आप अपनी सम्पूर्णता में होते हैं।

प्राणाहुति प्रेम है, लेकिन यह प्रेम से परे है। अपनी आंतरिक यात्रा में हम केन्द्र यानी शून्यता की ओर जाते हैं। उस समय हम केन्द्र के साथ किस प्रकार तादात्म्य स्थापित कर सकते हैं जब हमारे अंदर स्पंदन विद्यमान हों, भले ही ये प्रेम के स्पंदन हों? प्राणाहुति केन्द्र से आती है और केन्द्र को स्पर्श करती है इसलिए इसे परम शून्यता का सत्त्व होना चाहिए। यह अवर्णनीय है।

हम प्राणाहुति के प्रभाव को शरीर के शिथिलीकरण और मनस की स्थिरता के रूप में अनुभव करते हैं। भावनात्मक रूप में हम अपने भीतर एक संतुलित 'शून्य' स्थिति की ओर बढ़ते हैं। सब कुछ शांत हो जाता है और सभी स्पंदन रुक जाते हैं। हम वर्तमान में जैसे भी हों उस स्थिति से एक विशुद्ध फलक की ओर विकसित होते हैं। प्राणाहुति इस रूपांतरण की प्रक्रिया का मूल आधार है।

हम कह सकते हैं कि प्राणाहुति जीवनदायिनी है। जब हमारे अंदर पहले से ही प्राणशक्ति या आत्मा विद्यमान है तो हमें इसकी आवश्यकता ही क्यों पड़ती है? क्या जीवन के लिए आत्मा पर्याप्त नहीं है? ग्रीष्म ऋतु के तपते महीनों में पेड़ों की कल्पना करें जब शाखाओं पर पत्ते मुरझा रहे होते हैं।

उनकी प्राणशक्ति बोझिल हो चुकी होती है हालाँकि जीवित रहने के लिए जड़ों को जो कुछ नमी या पोषण मिलता है वे उसे सोखते रहते हैं। जब पहली बारिश होती है तब पेड़ पुनः ताज़गी और जीवंतता से भर जाते हैं। इसी प्रकार जब हमें पहली बार प्राणाहुति मिलती है तब हमारे अस्तित्व में एक नई ताज़गी आ जाती है। हम इसे प्राप्त करते हैं और दूसरों के साथ अनजाने ही साझा भी करते हैं क्योंकि हमारा हृदय इसके सत्त्व से भरा हुआ होता है। प्राणाहुति मिलने पर हम इस प्रेम को सबके साथ साझा करते हैं और इसे सभी में बाँटते हैं।

प्राणाहुति के साथ किया गया ध्यान किसी छड़ी या बैसाखी की भाँति चेतना के दूसरे आयामों में विस्तार को सहायता प्रदान करता है। यह हमें एक स्तर से उठकर दूसरे स्तर तक पहुँचने में, चेतना के उच्चतम स्तर तक उड़ान भरने में और मनस को अवचेतना की गहराइयों तक गोता लगाने में सहायता प्रदान करता है। इस विस्तार की कोई सीमा नहीं है। जब चेतना प्रेम के साथ विस्तारित होती है तब ब्रह्मांड भी कम पड़ जाता है।

जब हम प्रतिदिन प्रातः ध्यान में मिलने वाली ध्यानमय अवस्था को आत्मसात करना सीख लेते हैं तो यह गहरी होकर सतत स्मरण में बदल जाती है। और हमारी चेतना का केन्द्र से संपर्क स्थापित हो जाता है। समय के साथ यह सम्बन्ध प्रेम के रूप में विकसित होता है।

हार्टफुलनेस केवल प्रेम के बारे में ही है। यह स्वयं और ईश्वर के बीच एक प्रेम कहानी है जिसका प्रारम्भ ध्यान के साधारण अभ्यास के साथ होता है। ध्यान सतत स्मरण की जननी है और सतत स्मरण प्रेम की। जब हम अपना जीवन प्रेम के साथ जीते हैं तब सब कुछ स्वाभाविक हो जाता है। हम मानसिक और भावनात्मक उलझनों के भँवरजाल में नहीं फँसते तथा अंदर से संतुलित व शांत बने रहते हैं।

ऐसा नहीं है कि ध्यान हमें सब कुछ प्रदान करता है – ध्यान तो आंतरिक दशा का निर्माण करता है और यह दशा ही हममें बदलाव लाती है। हमारा आंतरिक वातावरण बदलता है, विश्वास जागृत होता है और स्वीकृति की भावना आती है। स्वीकृति से समर्पण एवं प्रेम आता है और हम स्वयं को एकात्म में लीन कर देते हैं।

भावनात्मक बुद्धिमत्ता

ध्यान के दौरान हमारा सामना सर्वप्रथम हृदय में उठने वाली भावनाओं और अनुभूतियों से होता है। जब हृदय में पहला स्पंदन प्रारम्भ होता है तब ये अनुभूतियाँ और भावनाएँ, विशेष रूप से मध्य मस्तिष्क के अंगों की प्रणाली के माध्यम से हमारी विचार प्रक्रिया को प्रभावित करती हैं।

हम कैसा महसूस करते हैं इस पर ध्यान देना हममें से अधिकांश लोगों के लिए सहज नहीं होता क्योंकि जब हम बड़े हो रहे थे तब, न तो स्कूल में और न ही घर पर, हमें यह सिखाया ही नहीं गया था। आजकल भावनात्मक बुद्धिमत्ता या समझ की बहुत बातें की जाती हैं जिसमें करुणा, समानुभूति, लचीलापन, प्रेम, साहस और इच्छा जैसे हृदय आधारित गुण सम्मिलित हैं। ये सारे गुण हृदय के चक्रों से उत्पन्न होते हैं। अपनी भावनात्मक समझ में सुधार लाने के लिए हमें अपने हृदय पर कार्य करना चाहिए।

भगवद्-गीता में भगवान श्रीकृष्ण जीवन के संघर्ष का सामना करने के लिए आवश्यक गुणों के बारे में बताते हैं। वे एक उपमा देते हैं – जीवन में सद्गुण उसी प्रकार हमारी रक्षा करते हैं जैसे किसी महल के भीतर उसके द्वार हमें सुरक्षित रखते हैं। अक्सर पिछला द्वार आक्रमण के प्रति सर्वाधिक असुरक्षित होता है। छोटा होने के कारण इसकी ओर कम ध्यान जाता है और अधिकांश शत्रु यहीं से आक्रमण करते हैं। भगवान श्रीकृष्ण कहते हैं कि यदि प्रत्येक द्वार हृदय के एक सद्गुण की तरह है तो इस द्वार की सुरक्षा हमेशा विनम्रता के सद्गुण से होनी चाहिए। यदि हममें विनम्रता नहीं है तो अन्य सभी द्वार असुरक्षित हो जाएँगे।

सच में देखा जाए तो यदि हममें विनम्रता और सादगी के गुण हैं तो हमारे पास सब कुछ है। हमें किसी अन्य वस्तु की आवश्यकता ही नहीं है। सम्मान और श्रेष्ठता भी विनम्रता के साथ ही चली आती हैं। हम संसार के सामने स्वयं को स्वीकृति की भावना के साथ विनम्र और तुच्छ प्राणी के रूप में प्रस्तुत करते हैं जो प्रेम की पहचान है। हमारे जीवन से प्रेम प्रस्फुटित होता है – हम प्रेम से बात करते हैं, प्रेम से भोजन ग्रहण करते हैं, प्रेम से चलते हैं, प्रेम से सोते हैं और प्रेम से कार्य करते हैं। हम प्रेम से इतने परिपूर्ण हो जाते हैं कि हममें किसी

के हृदय को दुःखी करने की भावना शेष नहीं रहती। हम पवित्रता और प्रेम की तरंगें बिखेरते हैं।

प्रेम हमें जोड़ता है और आकर्षित भी करता है। रूखे चेहरे वाले कठोर हृदय के लोग ईश्वरीय कृपा को आने से रोक देते हैं जबकि प्रेम से परिपूर्ण हृदय स्वाभाविक रूप से ईश्वरीय कृपा को आकर्षित करते हैं। मैं आपके साथ अपने दूसरे मार्गदर्शक, चारीजी के बारे में कुछ साझा करना चाहूँगा। मैंने उनमें अनेक उत्कृष्ट गुण देखे हैं लेकिन जिस गुण ने मुझे सबसे अधिक प्रभावित किया वह उनकी शांतचित्तता थी – वह स्थान या अंतर जिसकी बात हमने इस किताब के पहले अध्याय में की है। वे कभी भी जल्दी में नहीं होते थे। जब उनसे मिलने के लिए कई लोग प्रतीक्षा कर रहे होते थे तब भी वे उनसे एक-एक करके प्रेम के साथ मिलते थे। वे प्रेम को प्रवेश करने के लिए समय देते थे। उन्हें जो भी कार्य सौंपा जाता था वे उसे प्रेमपूर्वक करते थे। जब वे भोजन पकाते थे तब भी उनके काम में प्रेम झलकता था। यहाँ तक कि वे हमें डाँटते भी थे तो उसी शांतचित्तता और भरपूर प्रेम के साथ।

प्रेम और अव्यवस्था

मैं प्रेम को आत्मा के गुरुत्व का रूप होने की अवधारणा पर भी विस्तार से बात करना चाहूँगा जिसमें हम प्रेम को अव्यवस्था के विपरीत बल के रूप में समझेंगे। एंट्रॉपी किसी प्रणाली में अव्यवस्था या बेतरतीब होने का मानक है – चाहे यह ब्रह्मांड हो, किसी बच्चे का शयनकक्ष हो या हमारी आंतरिक दशा हो। एंट्रोपी या अव्यवस्था समय के साथ बढ़ती जाती है जो किसी भी प्रणाली की अस्थिरता को दर्शाती है जहाँ उसे स्थिर बनाए रखने के लिए कोई ऊर्जा उपलब्ध नहीं होती।

हमारे दिन-प्रतिदिन के आपसी क्रिया-कलापों में, हम बहुत सी भावनाओं और प्रतिक्रियाओं को एकत्र करते रहते हैं जिससे अव्यवस्था बढ़ती जाती है और हमारे मानवीय सम्बन्ध अस्थिर होने लगते हैं। इससे हमारे अंदर अव्यवस्था फैल जाती है ठीक वैसे ही जैसे किसी बच्चे का शयन कक्ष अधिक किताबें व कपड़ों के एकत्र हो जाने से अव्यवस्थित हो जाता है। हमें इन मुश्किलों को सही करने के लिए कुछ ऐसा करने की आवश्यकता होती है जिससे हम अपने मन में क्रोध और आक्रोश को घर न बनाने दें।

ऐसा कर पाने के लिए किस चीज़ की आवश्यकता होती है? यह प्रेम है। प्रेम के साथ स्वीकृति आती है। मेरा आशय सहनशीलता से नहीं है। किसी की त्रुटियों को सहन करना स्वीकृति और प्रेम से बहुत नीचे के स्तर की बात है। प्रेम सभी मुश्किलों को सही कर देता है। प्रेम एक पवित्र और सच्चे हृदय से आता है। जहाँ प्रेम होता है वहाँ त्याग स्वाभाविक रूप से आ जाता है और हम सारे आग्रह छोड़ देते हैं।

एंट्रॉपी का नियम हमें सभी सम्बन्धों में प्रेम की आवश्यकता को समझने में सहायता करता है। जब हम लगातार प्रेममय स्थिति में बने रहते हैं तब किसी वस्तु की आवश्यकता नहीं रह जाती। यह सर्वाधिक स्थिर सम्बन्ध होता है। इसमें किसी स्पष्टीकरण की आवश्यकता नहीं होती।

जब दो लोगों को आपस में प्रेम हो जाता है तब दोनों हृदयों का विस्तार होता है। दोनों स्वयं को एक-दूसरे में खो देते हैं और वे एक-दूसरे को प्रसन्न रखने के लिए कुछ भी करने के लिए तैयार होते हैं। लेकिन यह प्रायः अधिक दिनों तक नहीं चल पाता क्योंकि परस्पर व्यवहार में अंतर आने लगता है। अब हरेक व्यक्ति अपनी आवश्यकताओं के बारे में अधिक सजग होने लगता है जबकि पहले दोनों दूसरे के लिए कुछ भी और सब कुछ करने के लिए तैयार रहते थे। "मेरा क्या होगा?" अब इस विचार का जन्म हो चुका होता है।

क्या इसका अर्थ यह है कि जब हम किसी से प्रेम करते हों तब हमें स्वयं के बारे में सोचना ही नहीं चाहिए? नहीं, यहाँ मेरा आशय यह नहीं है। हमें स्वयं अपने विकास के बारे में भी ध्यान देना चाहिए। वास्तव में यह आत्मकेन्द्रित विचारों से ऊपर उठने की प्रक्रिया है – व्यक्तिगत इच्छाओं से कम से कम सरोकार रखने और अधिक से अधिक स्वीकार करने की प्रक्रिया। सच तो यह है कि यह प्रक्रिया हमें प्रेम में डूबने और दूसरों के साथ अधिक सामंजस्य में होने में सहायक होती है।

एक अच्छा जीवन स्वीकृति माँगता है। स्वीकृति ही जीवन को सफल बनाती है। कोई भी मनुष्य परिपूर्ण नहीं होता और हमारी कमियों के बीच ही टकराव होता है। दूसरों पर उँगली उठाने से पहले स्वयं से पूछिए, "क्या मैं परिपूर्ण हूँ?" इसका उपाय है निष्पक्ष बने रहना। यह अगला कदम उठाने से पूर्व आवश्यक शर्त है – न तो स्वीकार करें और न ही अस्वीकार। निष्पक्ष बने

रहें। जब आप उस स्थिति में पहुँच जाएँगे तब आपको एक समाधान मिल जाएगा। जब आप प्रकृति से, ईश्वर से या अपने मार्गदर्शक से मार्गदर्शन लेना चाहते हैं तब सबसे पहले उस निष्पक्ष बिंदु पर पहुँचें और आपको सही दिशा अवश्य मिल जाएगी।

निष्पक्षता ऐसी है जैसे कोई बोझ हटाना। इससे हमें पूर्वाग्रहों और पूर्व अवधारणाओं से छुटकारा मिल जाता है और हमारी दृष्टि साफ़ हो जाती है। यदि दिशा सही हो तो हृदय हल्केपन का अनुभव करता है।

प्रेम और मृत्यु

मृत्यु किसी भी क्षण आ सकती है। उस क्षण में क्या होता है? हमारा भौतिक शरीर अणुओं के संग्रह में पुनः प्रयोग होने (रीसायकल) की स्थिति में चला जाता है और शेष दो शरीर यानी सूक्ष्म शरीर और आत्मा, उस आयाम में चले जाते हैं जो उनकी उस ऊर्जा की (ब्लू प्रिंट) रूपरेखा के अनुरूप हो जो हमने अपने जीवन में बनाई थी।

लोग मुझसे पूछते हैं, "क्या मैं मृत्यु के समय स्वयं को पवित्र बना सकता हूँ जिससे मेरे स्पंदन का स्तर सर्वाधिक हो जाए?" लेकिन यह इस प्रकार कार्य नहीं करता क्योंकि हम अंतिम समय में कुछ प्राप्त नहीं कर सकते। अगले आयाम में जाने की तैयारी करने के लिए अत्यंत शुद्ध व सूक्ष्म स्पंदन वाले स्तर यानी प्रेम के स्पंदन में बने रहने का प्रयास करें। अपने हृदय में जिस आध्यात्मिक शून्यता को हम उत्पन्न करते हैं वह दिव्य कृपा के बहाव को हमारी ओर आकर्षित करती है। इस बहाव से हम प्रेम में अनंत तक विस्तारित होते हैं और शून्यता में अनंत तक सिकुड़ते हैं। यह एक अनवरत प्रक्रिया है – प्रेम में विस्तारित होना और महत्वहीनता में सिकुड़ना। यह प्रक्रिया चलती ही रहती है।

कमलेश के सुझाव

प्रेम में हमें संघर्ष करना पड़ता है क्योंकि प्रेम में हम अपनी पहचान खो देते हैं। प्रेम 'मैं' से 'हम' और फिर 'तुम' तक की यात्रा है। सच्चे प्रेम में 'मैं' नहीं होता।

अहंकार की पकड़ से बाहर निकलने का प्रयास करें।

ध्यान सतत स्मरण की जननी है और सतत स्मरण प्रेम की। ध्यान करें।

अधिक प्रेममय कैसे बनें? अपनी चेतना के क्षेत्र को शुद्ध करें। आप स्वाभाविक रूप से प्रेम को प्रसारित करने लगेंगे।

प्रेम आपके अस्तित्व के केन्द्र में उत्पन्न होता है। यह आत्मा का गुरुत्व है अतः यह स्थिरता लाता है और केन्द्रित होना सम्भव बनाता है। यह असंतुलन तथा अव्यवस्था का प्रतिरोधक है – हमारे अंदर भी और हमारे सभी सम्बन्धों में भी।

स्वीकृति प्रेम की पहचान है।